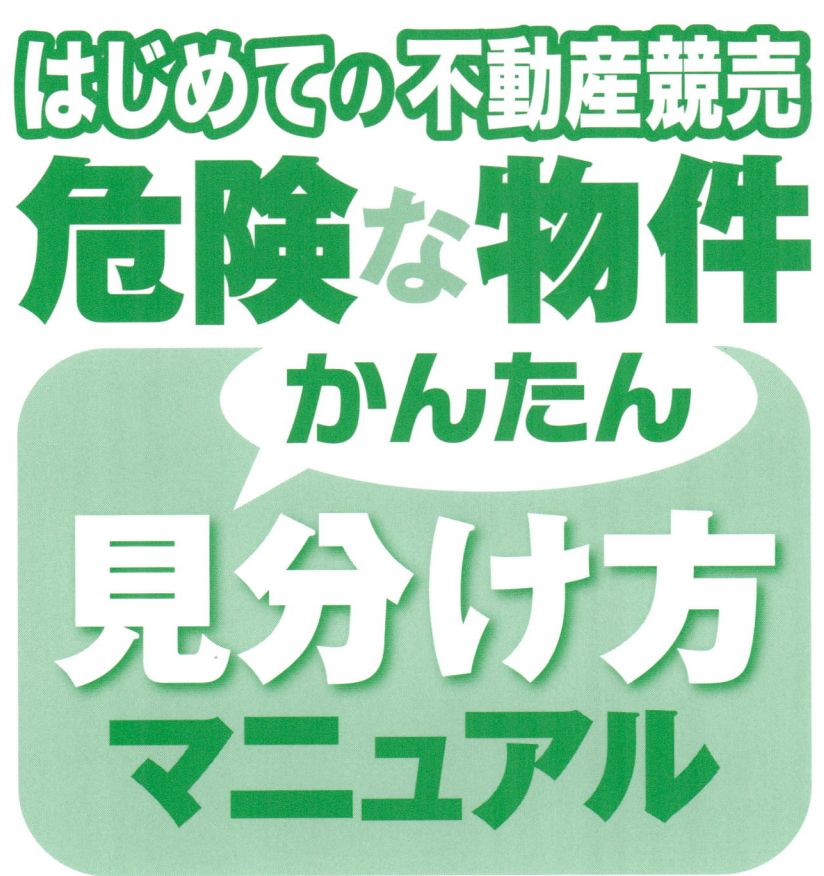

はじめての不動産競売
危険な物件 かんたん 見分け方マニュアル

プロが教える
競売で損をしない法則

林 勲　不動産鑑定士
　　　　元・東京地方裁判所21部評価人

住宅新報社

はじめに

　近年、裁判所が売り出す競売不動産が、注目を集めています。
　競売の最大のメリットは、一般市場に比べ、安い価格で購入できることです。エンドユーザーにとっては、不動産業者に支払う仲介手数料が必要ないという点も、大きいでしょう。おかげで競売不動産は、長引く不況の中、高い人気を博しているのです。
　しかし誰もが、競売市場で成功する訳ではありません。失敗しないために何より重要なのは、買い受けようと考えている物件に、引渡命令が発令されるのかどうかを、見極められることです。
　例えば、占有者のいる物件を落札し、無事に所有権を得たとします。ところがこの占有者が適法な権利（占有権原）を有していると、引渡命令は発令されません。占有者を立ち退かせることができないのです。
　そうした物件をいかに見極めるのかは、競売に参加するうえで、避けて通れないテーマです。本書は、この問題を最少の知識と最短の時間で解決するための方法を解説した書籍なのです。

　読者の皆様の中には、競売に対して未だに、「価格は安いのだろうが、何となく怖い」といったイメージをお持ちの方も、少なくないでしょう。でもそれは、旧競売法時代の話です。
　競売市場は、新しく生まれ変わりました。平成16、17年の民事執行法の大改正と、インターネットの活用で、「誰もが参加できる民主的な競売市場」へと様変わりしたのです。今や、170を超える

裁判所が参加する、全国的規模のマーケットに成長しています。
　不動産関連業務に携わる方々から、個人投資家、さらにはマイホームを求める一般消費者まで、安くて良質な不動産が欲しいのであれば、「競売市場の仕組み」を知らないでは、済まされません。
　最高裁統計によると、全国競売物件の売却率は、毎月90％台後半です（平成23年）。要するに、ほとんど完売に近い状態が、ずっと続いているということです。こうした数値からも、人気の程はわかってもらえると思います。
　皆様が、競売市場を活用し、納得のいく不動産を取得されることを願ってやみません。本書がその一助となれば幸いです。

　平成25年２月

　　　　　　　　　　　　　　　　　　　不動産鑑定士　　林　勲

本書の特徴

　まず第1編は、競売市場に関する基本知識を解説します。旧法時代の競売市場の様子から、現在の競売の仕組み、一般市場と比較した場合の特殊性などを取り上げます。

　次に第2編では、インターネットの不動産競売物件情報『BIT』を使い、実際に入札希望の物件を選ぶ方法を解説します。
　競売物件の情報は、裁判所の掲示場の公告書、ファクシミリ情報サービス、朝日新聞、読売新聞等の全国紙、不動産住宅情報誌などによっても提供されています。ただし本書では、自宅、事務所などにいながらにして、全国の競売物件の情報を得ることができる、インターネットによる物件の選び方を見ていきます。

　第3編は、いよいよ本書のメインである、危険な物件の見分け方です。
　競売市場の一番の問題点は、中には問題のある物件も流通しており、玉石混交の状態だということです。競売市場は宝の山と言われますが、こうした物件を見分けることができなければ、本当の宝をつかむことはできません。競売市場に参加するには、危険な物件を見分けられる能力が、欠かせないのです。

　第4編は、不動産の調査の方法、第5編は希望する物件の相場（時価）、第6編は入札の仕方です。

第７編では、落札した不動産に占有者がいて、明け渡してもらえない場合の対処方法を説明します。引渡命令を活用すれば、訴訟よりも簡易で迅速に、落札した物件を手に入れることができます。引渡命令の申立期間は、代金納付後６カ月以内（占有者に明渡猶予が認められた場合は９カ月以内）と決められている点に、注意が必要です。

　要するに、「競売に参加する」ところから始め、「物件を探し出し」「その物件の法的欠陥や物理的欠陥を見極め」「入札し」「最高価買受申出人となり」「代金を納付」します。さらに、占有者がいて明渡しが行われない場合は、「引渡命令手続きを活用する（引渡命令の発令を得て、それに執行文を付与して強制執行を行い、物件を無事手に入れる）」という、一連の流れに沿って、競売に関するすべてのノウハウをこの一冊にまとめました。

Contents 目次

はじめに ……………………………………………………………… 1
本書の特徴 …………………………………………………………… 3

プロローグ　不動産を初めて手に入れる人の心構え

1　資金計画を立てる ……………………………………………… 12
2　不動産を選ぶ準備をする ……………………………………… 12
3　ローンについて ………………………………………………… 13

第1編　競売市場の仕組みを知ろう

第1章　競売市場の歴史 …………………………………………… 16
第2章　競売になる不動産とは …………………………………… 19
第3章　裁判所の売却手続きの流れ ……………………………… 21
第4章　入札者の行動パターン …………………………………… 23
　1　裁判所の手続き ……………………………………………… 23
　2　入札者 ………………………………………………………… 23
　3　インターネット利用上の注意点 …………………………… 24
第5章　競売市場のリスク ………………………………………… 27
第6章　現況有姿とは ……………………………………………… 29

第2編　インターネットで競売物件を探す

第1章　実際に物件を選んでみましょう ………………………… 33
　1　入札に必要となる期間入札の公告の内容 ………………… 33
　2　事件番号とは？ ……………………………………………… 33

5

3　物権番号とは？ ･･････････････････････････････････････ 34
　　4　その他 ･･ 34
　COLUMN 公道・私道 ･････････････････････････････････････ 38
　COLUMN 地番と住居表示 ･････････････････････････････････ 40
　第2章　その他の項目について ･･････････････････････････････ 41
　　1　お知らせについて ･･････････････････････････････････ 41
　　2　売却結果について ･･････････････････････････････････ 42
　　3　過去データについて ････････････････････････････････ 42
　　4　スケジュールについて ･･････････････････････････････ 43
　　5　全国過去について ･･････････････････････････････････ 43
　　6　用語集について ････････････････････････････････････ 44
　　7　手続き案内について ････････････････････････････････ 44
　　8　使い方について ････････････････････････････････････ 44
　COLUMN BITシステム ･･････････････････････････････････ 45

第3編　3点セットによる危険な物件の見分け方

　第1章　「物件明細書」の見方 ･･････････････････････････････ 49
　　1　物件明細書の構成 ･･････････････････････････････････ 49
　　2　物件明細書に記載されている権利関係の見方 ･･････････ 50
　第2章　物件明細書の詳細 ･･････････････････････････････････ 53
　　1　不動産の表示 ･･････････････････････････････････････ 53
　　2　売却により成立する法定地上権の概要 ････････････････ 53
　　3　買受人が負担することとなる他人の権利 ･･････････････ 54
　　4　物件の占有状況等に関する特記事項 ･･････････････････ 55
　　5　その他買受けの参考となる事項 ･･････････････････････ 57
　　6　引渡命令対照表 ････････････････････････････････････ 58
　COLUMN 地上権と賃借権 ･････････････････････････････ 116
　COLUMN 底地 ･･･ 117

Contents 目次

| COLUMN | 法定地上権付建物 ································· 118
第3章 「現況調査報告書」の見方 ································· 119
　　1　土地について ································· 119
　　2　建物について ································· 120
　　3　占有状況について ································· 121
第4章　評価書 ································· 129
　　1　評価額 ································· 129
　　2　評価の条件 ································· 130
　　3　目的物件の表示 ································· 130
　　4　目的物件の位置・環境等 ································· 130
　　5　評価額算出の過程 ································· 138
| COLUMN | 不動産の基礎知識 ································· 139
| COLUMN | 接道義務と画地条件 ································· 141

第4編　不動産の調査の方法

第1章　現地調査 ································· 156
　　1　評価書の内容 ································· 156
　　2　現況調査報告書 ································· 157
| COLUMN | 目に見えないところにも注意が必要 ································· 159
| COLUMN | マイホームとして戸建てを選んだ場合の物件調査 ···· 161
| COLUMN | マイホームとしてマンションを選んだ場合の物件調査 ········ 163
第2章　法務局調査 ································· 165
第3章　役所調査 ································· 167

第5編　希望する物件の相場（時価）

第1章　4つの公的評価額 ································· 170
　　1　不動産は"一物四価" ································· 170

2　不動産競売の価額について ……… 172

第6編　入札手続き（期間入札）

第1章　入札の方法について ……… 176
1. 期間入札の場合 ……… 176
2. 具体的な入札の仕方 ……… 176
3. 入札金額について ……… 177
4. 入札期間について ……… 177
5. 入札書の作成・入札書の提出 ……… 178
6. 保証金の納付 ……… 183
7. 保証金の返還 ……… 183
8. 入札後の手続き ……… 183
9. 開札 ……… 184
10. 特別売却の場合 ……… 184
11. 特に買受けに問題のある物件について ……… 184
12. 金融機関のローンを利用する場合 ……… 187
13. ローンを利用する場合の問題点 ……… 188

COLUMN 借地権 ……… 191

第7編　不動産引渡命令の手続き

1. 引渡命令の申立人 ……… 194
2. 引渡命令の相手方となる者 ……… 195
3. 引渡命令の相手方とならない者 ……… 195
4. 引渡命令の相手方となるかどうかの判断基準 ……… 195
5. 引渡命令の申立ての期間 ……… 196
6. 保全処分について ……… 196
7. 強制執行 ……… 197

COLUMN 執行妨害目的の執行抗告 ……… 199

プロローグ

不動産を
初めて手に入れる人の
心構え

本篇は、不動産を購入するにあたってぜひ知っておいていただきたい基本的な事項について、説明します。不動産業に携わっておられる方などは、ここは飛ばして、次編からお読みいただければと思います。

　競売市場の不動産も、一般市場の不動産も、基本的には同じものです。単に流通している市場が違うだけです。

　ただし競売市場には、一般市場にはない大きなメリットがあります。欲しい不動産が、時価よりも大幅に安く手に入る可能性があるのです。裁判所は、競売物件を迅速にお金に換えるため、売却基準価額について、卸値を目標に設定しています。ベースは公示価格です。

　また売主の信用という面も、折り紙つきです。売主は国の機関である裁判所です。物件の調査は、強大な立入権を持つ執行官と、不動産の専門家の評価人が連携して行いますので、精度の高いものだといえるでしょう。

　以下に、一般市場と競売市場との違いに関するポイントを整理します。

一般市場	・売主は売りたい意思、買主は買いたい意思のある、売主と買主の自由契約が前提 ・通常は不動産業者が介在する。 ・一般市場にも問題のある物件が流通している可能性はある。ただし取引にあたっては、国家資格である宅地建物取引主任者による重要事項説明が、宅建業者に義務付けられている。 ・売主に瑕疵担保責任を負担させる場合がある。 ・ローン利用は通常である。 ・仲介手数料が必要

	報酬の簡易計算方法 売買代金の３％＋６万円＝報酬額（課税業者の場合はプラス消費税）
競売市場	・裁判所が民事執行法に基づき、強制的に売却する。物件所有者は売る意思がない。 ・売却物件の実質的売主である裁判所には、権利関係についての瑕疵担保責任はあるが、物質的欠陥についての瑕疵担保責任はないので（基礎のひび割れや、雨漏りなど）、品質の保証はない。買受けは、完全な自己責任と思ったほうがよい（国家賠償法などの買受人保護の手続きはある）。 ・現況のままで売り出すので、競売物件には問題のある物件が多く含まれており、玉石混交の状態である。占有者がいて自己使用ができない物件も多い。事前に裁判所公開の３点セット資料をよく読む必要がある。 ・ローン利用は、民事執行法82条２項の申出により可能であるが、裁判所の斡旋ではなく、あくまで買受人と金融機関との間での金銭消費貸借の問題である（なお、最高価買受人となって後、融資不可で代金納付できない場合、保証金の返還が受けられないことがあるので、注意が必要）。 ・仲介手数料等は一切不要 ・代金納入後明渡しがスムーズに行われない場合に、引渡命令の申立てがある（申立期限は代金納付後６カ月以内）。引渡命令の発令を受けて強制執行により占有者の占有を排除できる。

実際に不動産を購入しようとする場合、一般市場も競売市場も同様に、次のような準備が必要です。

1　資金計画を立てる
（1）自己資金として調達できる額を明確にする
（2）ローンの借入可能な目安額を明確にする
　　（収入基準と、物件価格の掛け目（金融機関が、担保物件の評価額から、貸出上限額を設定するための比率）の2つの基準を利用する）
（3）ローンを利用する場合、毎月の支払可能額

2　不動産を選ぶ準備をする
（1）購入する条件を明確にしておく
　　　マイホームを購入する場合には、まず家族を含めた自分のライフスタイルについて、検討してみましょう。
　　　一戸建てにするのか、マンションにするのか。希望する沿線や、気に入っている町並みはどこなのか。郊外型か、都心型か。新築か、中古住宅か。居住環境に重点を置くのか、利便性をとるのか。子どものための教育環境を重視するのか、老後のための住み家か。検討すべき事項はいくつもあります。いずれにしても皆様のライフスタイルと予算との兼ね合いで、条件を絞り込んでおくことが必要です。
　　　また、収益物件を購入するのであれば、店舗か、事務所用か、居住用か。居住用でも単身者向けのワンルームか、ファミリータイプか（この判断は地域の特性などを考慮して決めるものです）。立地条件や需給の問題、近隣の賃料水準の動向、将来性、最有効の使用方法、資金計画など投資効率を重点に、条件を絞り込んでおくことです。

(2) 条件が絞り込めたら、情報誌、インターネット、新聞、折り込み広告、宅建業者の物件情報などから、できるだけ数多くの資料を収集することです。

　さらに、そうした情報に基づいて、こまめに現地に出向き、見学することです。ともかく、数多くの不動産を見て、不動産になじむことで、不動産用語、不動産の勘どころ、不動産の相場などがわかるようになります。業者の方も、「購入を検討中です」と言えば、親切に説明してくれるはずです。

(3) 一般の消費者にとっては、通常、一生に一度の高価な買い物です。人任せにしないで、自分で行動を起こしてください。その成果は、必ず現れます。一般市場では、ある程度業者任せにできます。ところが瑕疵担保責任のない競売市場では、買受けはすべて自己責任です。責任の重さが違います、まさに真剣勝負です。人よりも安く手に入れようとするわけですから、希望をかなえるために、不動産に対する基本的知識も、できるだけ習得しておくことが必要です。

3　ローンについて

(1) ローンの借入可能額と年間返済額

　一般的に住宅ローンの金利、融資限度額などは、金融機関ごとに異なります。金利タイプにも、全期間固定金利型ローン、固定金利選択型ローン、変動金利型ローン等の、いろいろな種類があります。どのタイプが一番有利になるのかは、今後の金利動向次第というところです。シミュレーションを行って、損益分岐点を調べることも可能です。

年収	返済比率	返済期間別借入可能額の目安		
		25年	30年	35年
500万円	20%	1,760万円	1,960万円	2,170万円
	25%	2,200万円	2,470万円	2,710万円
	30%	2,640万円	2,960万円	3,250万円
600万円	20%	2,110万円	2,370万円	2,660万円
	25%	2,640万円	2,960万円	3,250万円
	30%	3,160万円	3,560万円	3,900万円
700万円	20%	2,460万円	2,770万円	3,030万円
	25%	3,060万円	3,460万円	3,790万円
	30%	3,690万円	4,160万円	4,550万円
800万円	20%	2,810万円	3,160万円	3,460万円
	25%	3,510万円	3,950万円	4,330万円
	30%	4,220万円	4,740万円	5,200万円

　上の表は、金利3％、元利均等払いのものです。返済比率は、年収に対する年間返済額の割合で、一般の金融機関では年収別にその上限を決めています。

(2) 頭金とは自己資金のことです。頭金なしだと月々の支払額が多くなりますので、通常は20％程度の頭金を用意するのが理想です。

(3) そのほかに諸費用があります。通常不動産を取得すれば、不動産取得税、登録免許税、登記費用（司法書士への報酬等）、不動産業者への仲介手数料（競売市場での入手の場合は不要）などがかかります。中古物件で物件価格の7〜10％程度、新築物件で物件価格の3〜6％程度といわれています。そのほかに引っ越し費用、カーテン、家具、照明器具、家電製品などの費用がかかります。

　また、不動産を保有すれば固定資産税、都市計画税、マンションであればそのほかに、月々の管理費、修繕積立金、保険料等がかかります。

第1編

競売市場の仕組みを知ろう

ポイント整理

1. 競売申立てから入札までの流れを確認する
2. 裁判所の手続きの流れと、入札者の動きを、時系列で確認する

第1章 競売市場の歴史

　不動産競売に対して、「怖い」「近寄りがたい」「手を出さないほうが無難」などといった、マイナスのイメージを抱いている人もいることでしょう。でもそれは、はっきりいって旧競売法時代の話です。
　まずは当時の様子を、振り返ってみましょう。
　新民事執行法が制定されたのは、昭和54年のことです。それ以前は競売法に基づいて、競売手続きが行われていました。
　裁判所の先輩方に聞いた話によりますと、当時は東京地裁の地下に競売場があり、競り売り方式で競売が行われていたそうです。競売場は、競り売り期日には午前10時に開場し、約1時間の事件記録簿の閲覧が行われました。午前11時に執行官によって、「これから競り売りに入ります」と宣言されます。「買受人は1割の保証金と、個人の場合は住民票、会社の場合は会社謄本を用意してください」と続けられます。それから、事件番号と最低価格が読み上げられました。競売場は、毎回買受希望者で満員の盛況だったそうです。
　競り売りとは、よく魚市場などで見られる方式です。中央に競り人がいて、周りを取り巻くように買受人がいます。中央の競り人が価格を読み上げ、周りの買受人が価格を少しずつ競り上げていき、もう買受人が出ない価格で落札が決定するという方式です。
　ただし当時の競売場の競り売りは、魚市場の競り売りとは、ずいぶん様子が違ったようです。中央の競り人は執行官です。そして周りにいる満員の買受人は、ほぼ全員が暴力団系のプロの競売屋だったのです。異様な雰囲気の中、執行官が事件番号と最低価格を読み

上げると、買受人の1人が「最低価格」と声をかけて、申込みをします。執行官が「その上は」と催促しても、その上を申し込む人は誰もいません。執行官が再度、「誰かほかにこの上を申し込む人はいませんか」と呼びかけても、周りの買受人からは、「いません、いません」の声。そこで、先ほど「最低価格」と声をかけて申込みをした人が、「これで決まりですね」と言って、一件落着というわけです。このような方法では、一般の買受希望者は参加しづらく、まして素人が入り込む余地などありません。売る側も適正な価格で売却することができずに、結果として、民事執行法が制定されることになったのです。

その後平成4年10月に、東京地裁で画期的な売却方法が導入されました。「期間入札」です。なにが画期的だったのかというと、入札書を郵送でも受け付けてもらえるようになったのです。買受希望者は、競売場に出向かなくてもよいわけですから、妨害される心配もありません。おかげで一般人が、たいへん参加しやすくなったのです。

当時はバブル崩壊により、不良債権が激増し、裁判所には大量の未済事件（いわゆる売却できないでいる事件）が滞留していました。ピーク時にはそれが全国で72,000件にもなり、社会問題になった時代です。

そうしたなかで、迅速に売却できる価格とはどんなものかが、議論になりました。一般の不動産取引で成立する価格水準とは異なります。競売市場の特殊性を考慮した、競売市場特有の価格水準まで引き下げないと、売却できませんでした。そのため、買受人のリスクを考慮した競売市場修正が採用されました。

その後も、迅速に、かつ、完全に全物件を売却するために、また買受人がより安心して入札に参加できる制度にするために、民事執行法の度重なる改正が実施されました。

平成16年の改正では、担保物件および民事執行制度に大きな変更が加えられました。主な改正点は次のとおりです。
1　短期賃借権制度の廃止（土地5年以内、建物3年以内のいわゆる短期賃借権の保護制度。競売妨害に悪用されることが多かったため廃止されました）
2　民法389条の一括競売の範囲の拡大（抵当権設定後の土地に建物を建てた場合、土地と建物の一括競売が可能になりました）
3　民事執行法上保全処分の要件の緩和、相手方を特定しない保全処分の創設、占有移転禁止の保全処分等の当事者恒定効の付与、債務者を特定しない執行文付与制度の創設等（これらにより占有者を短期間で次々と移転させ占有者を特定できなくする等の悪質な執行妨害ができなくなりました）
　　1と3により買受人に対抗できる占有者が少なくなり、占有権原のない占有者の排除が容易になったのです。
4　当該競売物件の裁判所の判断を記載した「物件明細書」、執行官が調査した「現況調査報告書」、評価人の記載した「評価書」の3点セットの様式を全国的に標準化し、わかりやすくしたことと、インターネットで公開したことにより、買受人は当該物件のほぼ完璧な情報が得られることになりました。
5　最低売却価額が見直され、「売却基準価額」、さらに「売却可能価額」が創設されました。「売却可能価額」とは、これ以上でなければ適法な入札とならない価格で、「売却基準価額」からその10分の2に相当する価格を控除した価格です。要するに「売却基準価額」の8割が有効な入札価格の最低ということです。

　これらの改正を経て、「誰でもが参加できる民主的な競売市場」のキャッチフレーズのもと名実ともに新しく生まれ変わったのです。

第2章 競売になる不動産とは

競売になる不動産は、以下のようなものです。

1. 債務不履行により、抵当権等に基づいた担保権の実行によるもの(『事件名(ケ)担保不動産競売事件』と記載されます)
2. 強制執行に基づくもの(『事件名(ヌ)強制競売事件』と記載されます)

　例えば、銀行から住宅ローンを借りて家を買った人が、何らかの理由で月々の支払いができなくなったとします。銀行(債権者)は担保に取っているその家を売却して換金してくれと、裁判所に申し立てることができます。これが競売の申立てです。

　この申立てが認められると、裁判所はその不動産を差し押さえて、強制的に売却、換金し、その代金を債権者に配当します。これが不動産競売の大まかな流れです。

　競売不動産の大部分はこのような担保権の実行によるものです。これが裁判所の資料に記載されるところの、『事件名(ケ)担保不動産競売事件』です。

　また、同じ(ケ)事件の中にも、抵当権以外の担保権による競売があります。これには、例えばマンション管理組合による管理費等の滞納金回収のための先取特権による競売があります。さらに、共有物分割のための形式競売等もあります。これは例えば、相続が発生し分割協議がまとまらない場合、相続財産を競売で換金して複数

の相続人に分配するというものです。

　そのほかに数は少ないですが、債務名義に基づく強制競売というものがあります。これは、例えばある人が税金を支払わない場合、所有する不動産を差し押さえて、強制的に換金し税金に充当するものです。裁判所の資料には、『事件名（ヌ）強制競売事件』と記載されます。

　いずれにしろ競売不動産は、裁判所でこれらの事件名と事件番号で整理されています。売却手続きについては、（ケ）事件と（ヌ）事件は、まったく同じです。

第1編 競売市場の仕組みを知ろう

第3章 裁判所の売却手続きの流れ

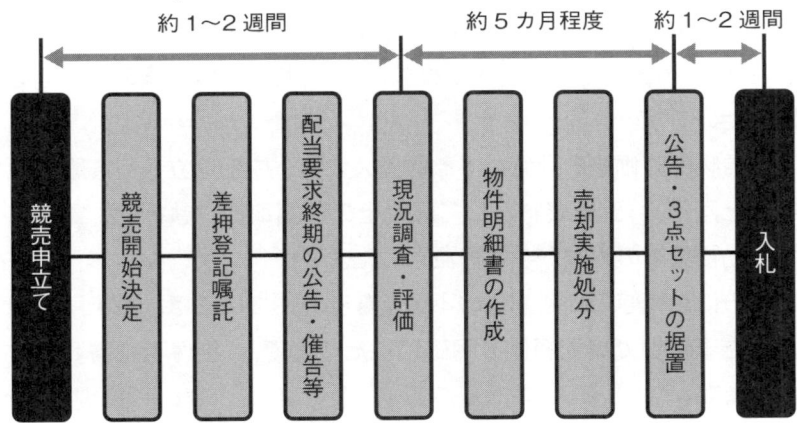

【裁判所の競売申立てから入札までの流れ】

競売申立て → 競売開始決定 → 差押登記嘱託 → 配当要求終期の公告・催告等（約1〜2週間）→ 現況調査・評価 → 物件明細書の作成 → 売却実施処分（約5カ月程度）→ 公告・3点セットの据置 → 入札（約1〜2週間）

　まず、債権者によって競売申立てがなされます。裁判所はその申立てを認めると、競売開始決定をします。それと同時に差押登記を、登記所に嘱託します。差押不動産の隠匿ができない早々の時期に、配当要求終期の公告と催告を行います。配当要求終期は期限を区切って行いますが、その終期は物件明細書の作成直前までとされています。

　その次の段階として、対象物件の現況の調査を執行官に命じます。同時に対象物件の価格の評価を評価人に命じます。これまでの手続きは、競売申立てから、速やかに、通常は約1〜2週間のうちに行われます。

3点セットについて

　ここで「現況調査報告書」と「評価書」、裁判所の発行する「物件明細書」について、解説します。裁判所は、売却にあたって適正かつ妥当な「売却基準価額」を定めなければなりません。対象物件の現地の状況の把握と、権利関係を確定するため、詳細な調査が必要になります。そこで法律は、執行官に強力な立入り権限を与えました。閉ざされた扉を開くために相当な方法を認め（鍵を壊して内部に立ち入ることなど）、適正な占有権原を有する第三者への立入り（善意の第三者宅への立入り権など）、それから警察権の援助等も認めたのです。

　対象物件の価格の評価をする評価人にも、内部の立入り権限（執行官と同行）、確認資料として課税上の図面取得、執行官、警察権の援助要請等の権限が与えられました。

　さらに占有等の権利関係の不確定な部分については、裁判所が関係者を審尋して事実関係を明確にしたうえで、「物件明細書」を作成します。

　こうして作成された3点セット、「現況調査報告書」「評価書」「物件明細書」が、インターネットと当該物件管轄の裁判所で公開されます。対象物件についてほぼ完全な調査が行われているので、買受人も安心して競売市場に参加できます。この3点セットの公開は、物件にもよりますが、競売申立てから約5～6カ月後です。

競売市場の仕組みを知ろう 第1編

第4章 入札者の行動パターン

1　裁判所の手続き

　裁判所は競売物件の売却が決まると、まず、期間入札の公告書を公開します。公告書には、競売についての必要事項が記載されています。入札書を記入する時に必要な、売却される物件の表示、入札期間、開札日時・場所、不動産の売却基準価額、買受可能価額、買受けの申出に際して提供する保証の額、提供方法等です。買受人は、必ず内容を確認する必要があります。

　公告は、東京地方裁判所執行センターにおいては、通常は入札期間（8日間）が始まる日の15日前に、センター内の物件明細書閲覧室の掲示板に、公告書として掲示されることになっています。その他の執行裁判所では、裁判所ごとに異なっている場合がありますので、不動産競売物件情報サイト（第2編参照）のトップページのスケジュールで、確認してください。

2　入札者

　入札希望者はまず、裁判所で不動産競売物件を閲覧するか、インターネットで不動産競売物件情報をダウンロードして、希望する物件を探し出します。次に、希望物件について、裁判所に備え置かれる3点セット（「現況調査報告書」「評価書」「物件明細書」）を入手します。インターネットで3点セットをダウンロードする場合は、最初に期間入札の公告が出てきます。次に3点セットが、「物件明細書」「現況調査報告書」「評価書」の順でダウンロードされます。

３点セットによって、対象物件の詳細な情報を得ることができます。その後は、実際にそれらの資料を持参して、現地と照らし合わせながら調査を行います（調査の方法は第４編で詳しく説明します）。資料を精読したうえで、現地や法務局、行政庁などに出向いて自分自身で調査、確認するのです。

　希望物件を現地で調査した後は、いよいよ入札です（入札の仕方は第６編で詳しく説明します）。最高価格で売却許可決定を得たら、通知された期日までに代金を納付すると、職権で所有権移転の登記がなされます。登録免許税、登記費用以外の成約報酬等は一切かかりません。

　無事所有権を得ても、占有者がいて引渡しがされない場合は、引渡命令の申立て制度を活用します（第７編で解説します）。この申立ては代金納付後６カ月以内に限られる点に、注意が必要です。

３　インターネット利用上の注意点

　裁判所は、インターネットに不動産競売の情報を掲載しています。ただし、全競売物件が掲載されているわけではありません。あくまでも一部の情報と考えてください。

　全国の執行裁判所（競売手続きを行っている裁判所）による競売は、それぞれ執行裁判所独自の売却手続きで行われています。

　３点セットの備置き方法、入札の方法、入札の期間、引渡命令の申立て等の手続きは、各執行裁判所で異なることがあります。事件番号も全国統一した事件番号ではなく、執行裁判所ごとの事件番号です。

　買受けを希望する場合、以前は直接執行裁判所に出向いて競売物件の記録簿を閲覧するしかありませんでした。インターネットによる閲覧は、自宅や事務所で、また時間に関係なく見ることができるので大変便利です。インターネットへの物件掲載については、それ

競売市場の仕組みを知ろう 第1編

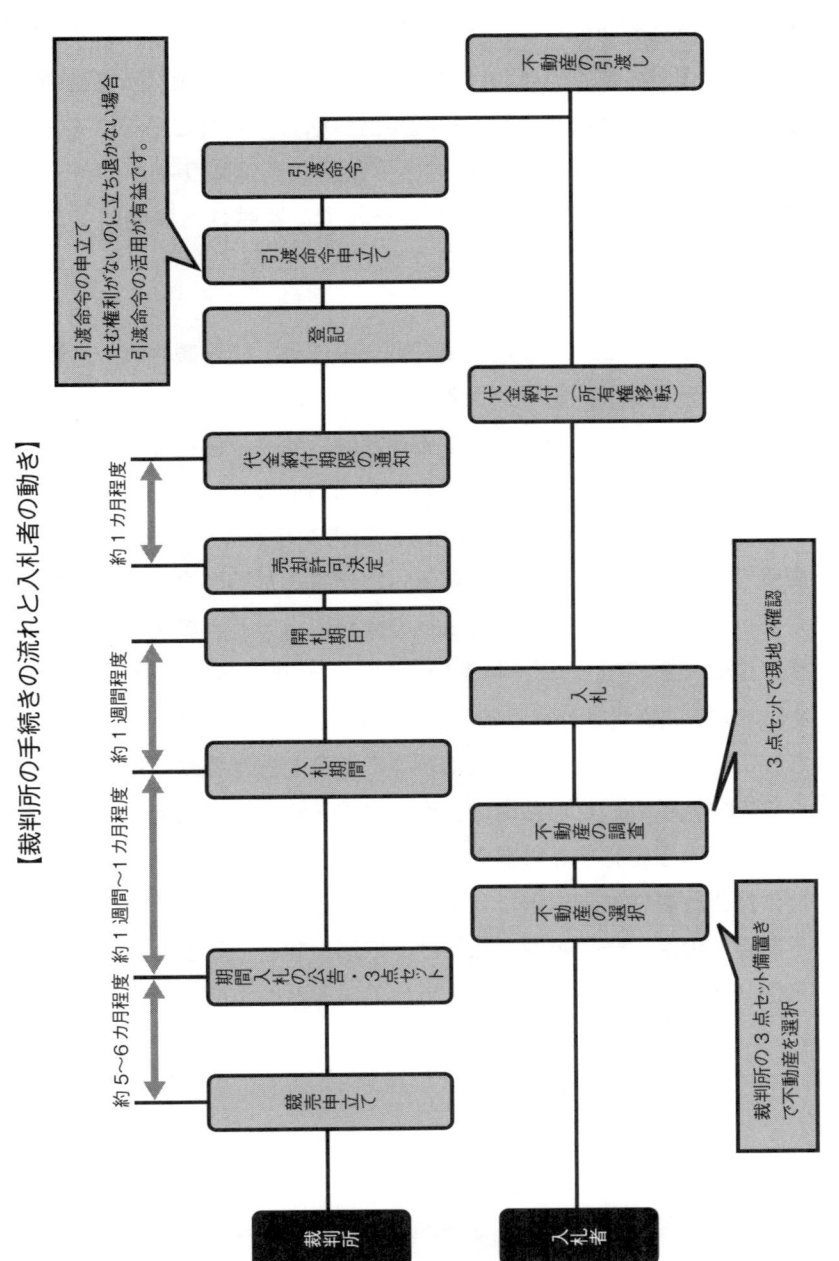

25

ぞれの執行裁判所の基準で行われているもののようです。必ずしも全物件が掲載されているわけではありません。執行裁判所管轄の全物件を閲覧したければ、やはり直接当該執行裁判所に出向いて閲覧するしかありません。それには、不動産競売情報サイトのトップページの一番上部にあるスケジュールで、管轄執行裁判所のスケジュールを確認することが大切です。

　また、ダウンロードした「現況調査報告書」に記載された占有者の住所、氏名等は、黒インクでマスキングされています。引渡命令の申立て等で全情報を必要とする場合は、やはり各物件所轄の執行裁判所に出向いて記録を閲覧する必要があります。
　当該競売物件について、裁判所が公開する３点セットの内容と、買受希望者が現地に出向いて調査した結果とがくい違っている場合があります。例えば、３点セットの資料によると当該物件は４ｍ道路に面していると記載されているのに、実際に現地で計測すると3.5ｍしかなかったという場合。あるいは、占有者がいないと記載されているのに、実際に現地に行ってみると占有者がいたというような場合。こうした場合には、当該物件を管轄する裁判所の担当書記官等に直接確認する必要があります。丁寧によく教えてくれます。
　また先行事件（先に申し立てられた競売事件）の評価書をつづってあるものは、先行事件が取下げ、取消しなどで終了した後、後行事件（本件）で売却手続きが進行しているということです。

競売市場の仕組みを知ろう 第1編

第5章 競売市場のリスク

1 競売は、差し押さえた不動産を、所有者の意思にかかわらず、強制的に売却します
2 買受希望者は、事前に対象不動産に立ち入ることはできません（内覧制度はあります）
3 不動産の引渡しを受けるために法定の手続きを取らなければならない場合があります
4 裁判所には、権利の瑕疵を除いて物的瑕疵担保責任がありません（土台のひび、雨漏り等は自分の費用で修理します）
5 対象不動産は、差し押さえられた直近時点の現況と権利関係をそのままの姿（現況有姿）で売りに出されます
6 ローン利用は、民事執行法82条2項の申出により可能です。ただし、裁判所の斡旋ではなく、ローン利用については買受人と金融機関との金銭消費貸借の問題となります

　競売は民事執行法に基づいて、差し押さえた不動産を所有者の意思にかかわらず、強制的に売却するわけです。所有者の協力は得られないのが普通です。買受希望者は、買受希望の段階では、対象不動産に立ち入ることすらできません。内部などの仕様、間取りなども、見ないままで買い受けるわけです。立入り権限を有する執行官と評価人の現況調査報告書と評価書の写真、間取り図等で確認するしかありません。また、現況調査報告書と評価書をインターネット

からダウンロードした場合は、個人情報に触れる範囲は黒インクでマスキングされている場合もあります。管轄の裁判所の記録簿には、全部の記録があります。

　入札で最高価買受人となり代金を納付すれば、無事所有権を取得します。それでも占有者等がいて、対象不動産をスムーズに明け渡してもらえないこともあります。このような場合は、引渡命令の申立てを活用します。引渡命令の申立てにより、訴訟をすることなく引渡命令が発令されます。引渡命令に執行文を付与して、強制執行により対象不動産の明渡しを受けることができます。

　今まで述べてきたようなリスクは、売却基準価額を決定するうえでも、競売市場修正として考慮されています。リスクが多ければ価格が安い、価格が安ければリスクが多いということです。

第6章 現況有姿とは

　たとえどんな欠陥物件であっても、債権者の申出が認められれば、裁判所は執行の対象とし競売物件として換金しなければなりません。例えば以下のような不動産も対象となります。

1　ほとんど利用価値のない土地、建物や山林、畑
2　敷地利用権のない土地に建てられている建物
3　他人が住んでいて、買受け後自分で使用できない建物
4　住んでいる人に適法な占有権原があり、買受け後明渡しが受けられない土地、建物
5　法律（建築基準法等）の規制で建物が建てられない土地
6　建築違反の建物
7　金融機関の融資が受けられない土地や建物等々

　どのような物件でも競売物件として、差押時点のままの状態で売却されます。競売物件には、問題のある物件が多く含まれているのです。こうした危険な物件を見分けられるのかが、競売市場に参加するうえで、一番のポイントとなります。
　価格が安ければ安いなりに、リスクがあるということです。ただし中には、比較的リスクが少ない優良物件も含まれています。そうした物件を見つけ出すことが必要なのです。
　裁判所の売却手続きの中でも述べましたが、裁判所は差し押さえた競売不動産について、適正妥当な価値を把握し、それを反映させ

た「売却基準価額」を定めなければなりません。そのためには現況調査を執行官に、同時に価格の評価を評価人に、それぞれ命じて、「現況調査報告書」と「評価書」を提出させます。

　対象不動産のリスクが多ければ、売却基準価額は低くなります。逆にリスクが少なければ、売却基準価額は高くなるということです。繰り返しますが、調査にあたって執行官（評価人も）の立入り権限は強大です。調査済みの物件については、ほぼ完璧な現況把握と、それに加えて占有者とその占有権原調査、および管理費などの滞納調査が実施されているということです。

　それでも、探し出した物件について完全に把握しようと思えば、裁判所の資料である３点セットのみでは十分とはいえない場合もあります。というのも、３点セットが作成されるのは、差し押さえられた直後です。それから公告等で公開されるまでには、５～６カ月かかるのです。

　その間の占有関係などの移動、不動産相場の変動も確認しなければなりません。だから必ず自分で現地に出向いて、市町村役場、区役所等の行政庁、登記所、裁判所の関係部署で再確認を行うことが必要なのです。現地では不動産業者で当該物件の相場を聞き込み、希望する物件について法的にも物的にも完全に理解しなければなりません。不動産の調査の仕方は、第４編で改めて解説します。

第2編

インターネットで競売物件を探す

ポイント整理

1. 不動産競売物件情報BIT（最高裁事務総局運営）から希望する物件を選ぶ
2. 選び出した物件の詳細情報を得る

競売物件の情報は、いろいろな方法で提供されています。執行裁判所の閲覧室のほか、朝日新聞、日経新聞等の夕刊版、または業界紙、それからインターネットの競売物件情報サイトなどといったところでも、見ることができます。

　それらの中で本書は、インターネットの競売物件情報サイト『BIT』を使った物件の選び方を中心に解説します。最高裁事務総局運営とあるのが、オリジナルのサイトです。単に「競売物件情報サイト」というワードで検索すると、それ以外の民間業者のサイトも出てきますので、注意してください。

　『BIT』が提供する競売物件の情報や、3点セット（「物件明細書」「現況調査報告書」「評価書」）の内容を見ると、不動産競売に関する裁判所の対応はサービス満点だということがわかります。まさに至れり尽くせりの情報を、入札者に提供しています。

　メインテーマである危険な物件の見分け方は第3編で詳しく解説するとして、とりあえず3点セットを入手するために、不動産競売物件情報サイト『BIT』から適当な物件を選び出してみましょう。

第2編 インターネットで競売物件を探す

第1章 実際に物件を選んでみましょう

　まず、インターネットで『BIT』（http://bit.sikkou.jp/）のサイトを開いてください。次にお探しの地域、沿線、裁判所等の項目を選び、希望条件等を入力して、物件を検索してください。地域内の希望する物件の一覧表が表示されます。その中からとりあえず物件を選んでみてください。あくまでもサイトの使い方の練習です。深く考える必要はありません。

　物件を選んだら、左欄の詳細をクリックしてみてください。『詳細情報／○○地方裁判所』という画面が出ます。入札に必要となる期間入札の公告の内容と、物件の詳細な情報が掲載されています。

1　入札に必要となる期間入札の公告の内容

　公告日、入札期間、開札期日、特売期間、事件番号などが表示されます。入札書には、この表に記載されている数字を記入します（第6編入札の仕方で、改めて説明します）。

　特売期間とは、期間入札で売却できなかった場合、特別売却方式で売却する期間のことです。

2　事件番号とは？

　裁判所は、「事件番号」ですべての事件を処理しています。例えば任意競売（担保権の実行）事件は、「平成25年（ケ）第○○○号」と表示されます。強制競売事件は、「平成25年（ヌ）第○○○号」と表示されます。どちらの事件も売却手続きは同じです。裁判

所で特定の事件の問い合わせをする場合には、この事件番号と、次の物件番号で照会します。何かに書き留めておきましょう。

3　物件番号とは？

　事件番号のほかに、物件番号というものもあります。競売では、土地と建物とは別々の物件として区別されています。例えば、土地は物件番号１、建物は物件番号２という具合です。

　土地については、住居表示（いわゆる住所）ではなく、地番で記載されます。地番とは、登記などの際に使用される、公図に記載された土地の１区画単位の番号です。

　競売は、地番単位で売却されます。したがって地番単位ごとに物件番号が付けられます。物件目録は、地番１番１は物件番号１、地番１番２があるときは物件番号２となります。建物がある場合は、建物、物件番号３というようになります。詳しくは、『COLUMN 地番と住居表示』を参照してください。

　一括売却とは、そこに表示された物件を一括して売却するという売却条件です。この場合は、個別の物件のみの入札はできません。

　なお、検索結果は、現況調査報告書作成時点のものです。検索結果に表示される種別欄のかっこ書きはそれぞれの敷地利用権を、文字色を変えた記載はそれ以外の付加情報を表しています。

4　その他

　詳細情報には上記１～３のほかに、評価書上の交通、参考交通、土地の種別、所在地、地目（登記）、土地面積（登記）、用途地域、建ぺい率、建物の種別、所在地、家屋番号、種類（登記）、構造（登記）、床面積（登記）、間取り、占有者らが表示されます。

　詳細情報ページの一番下の右側に、ダウンロードのボタンがあります。ここをクリックすると、当該物件のすべての情報がダウン

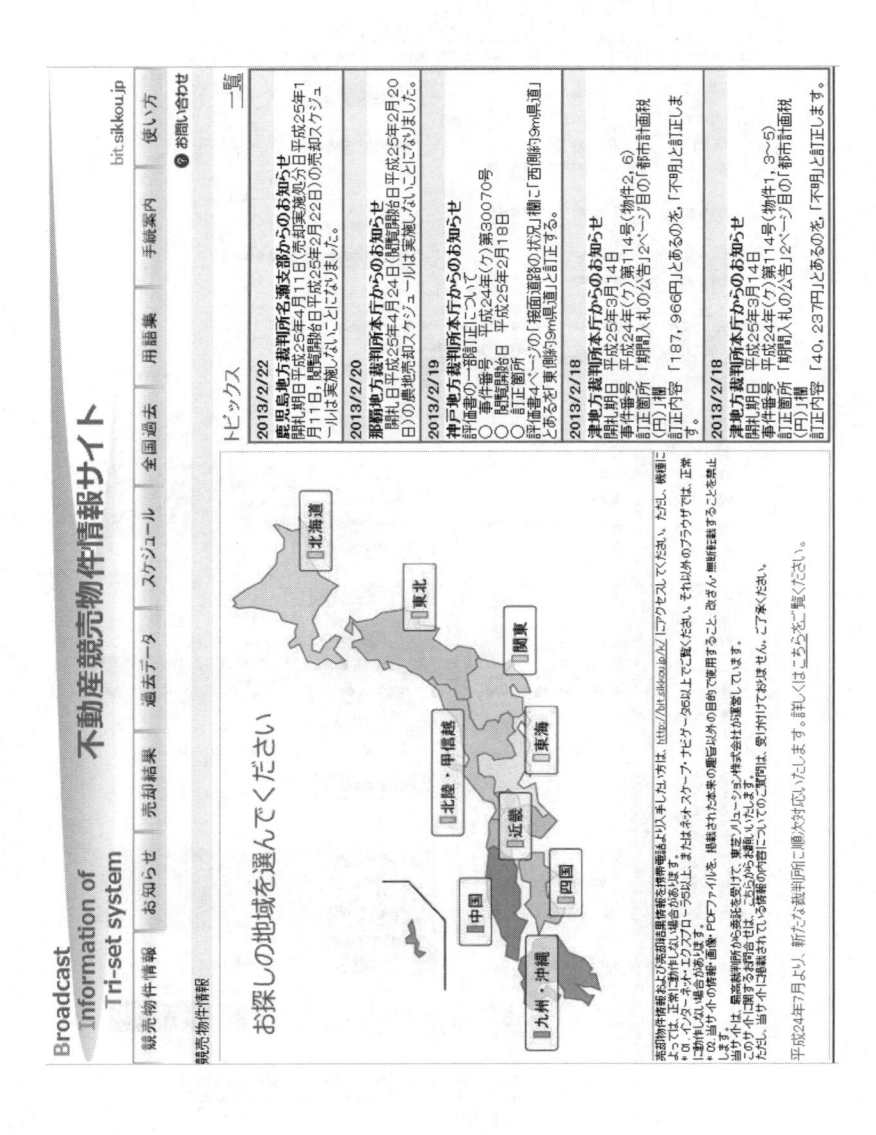

第2編　インターネットで競売物件を探す

Broadcast
Information of
Tri-set system

bit.sikkou.jp

競売物件情報

| 競売物件情報 | お知らせ | 売却結果 | 過去データ | スケジュール | 全国過去 | 用語集 | 手続案内 | 使い方 |

お問い合わせ　一覧

お探しの地域を選んでください

[日本地図：北海道／東北／関東／東海／北陸・甲信越／近畿／中国／四国／九州・沖縄]

トピックス

2013/2/22
鹿児島地方裁判所名瀬支部からのお知らせ
開札日平成25年4月11日（売却実施処分日平成25年1月11日、入札期間開始日平成25年2月22日）の売却スケジュールは実施しないことになりました。

2013/2/20
那覇地方裁判所本庁からのお知らせ
開札日平成25年4月24日（入札期間開始日平成25年2月20日）の農地売却スケジュールは実施しないことになりました。

2013/2/19
神戸地方裁判所本庁からのお知らせ
評価書の一部訂正について
○○　事件番号　平成24年(ケ)第300070号
○○　閲覧開始日　平成25年2月18日
　　　訂正箇所
評価書4ページの①「画面道路の状況欄にて西側幅9m県道」とあるを「東側幅9m県道」と訂正する。

2013/2/18
津地方裁判所本庁からのお知らせ
開札日　平成25年3月14日
事件番号　平成24年(ケ)第114号（物件2、6）
訂正箇所　1「期間入札の公告12ページ目の」都市計画税
（円）」1項
訂正内容「187,966円」とあるのを、「不明」と訂正します。

2013/2/18
津地方裁判所本庁からのお知らせ
開札日　平成25年3月14日
事件番号　平成24年(ケ)第114号（物件1、3～5）
訂正箇所　1「期間入札の公告12ページ目の」都市計画税
（円）」1項
訂正内容「40,237円」とあるのを、「不明」と訂正します。

※頒布物件情報および過去の売却結果情報等をお知らせします。情報表示上についてはhttp://bit.sikkou.jp/にアクセスしてください。ただし、機種によっては、正常に動作しない場合があります。
●インターネット・エクスプローラ6以上、またはネットスケープ・ナビゲーター6以上にてご覧ください。それ以外のブラウザでは、正常に動作しない場合があります。
＊当サイトの情報・画面・PDFファイル等、掲載された全ての情報の著作以外の目的で使用することや、さらに無断転載することを禁止します。
当サイトは、最高裁判所から委託を受けて、東芝ソリューション株式会社が運営しています。
このサイトが運営する契約に関して、こちらからお願いいたします。
ただし、当サイトに連絡をされている情報の内容についてのご質問は、受け付けておりません。ご了承ください。詳しくはこちらをご覧ください。

平成24年7月より、新たな裁判所に順次対応いたします。

詳細情報／東京地方裁判所本庁

システム上登録していない文字及び使用できない文字については、類似の文字を使用しており、正字ではない場合もあります。
検索結果については、現況調査報告書を作成した時点のものです。
所在地は、登記により表示しており、住居表示とは異なる場合があります。
種別欄について、括弧書きはそれぞれの敷地利用権を、文字色を変えた記載はそれ以外の付加情報を表したものです。
現況が登記上の記載と同じとき、及び表示する項目に該当する情報がないときは灰色表示となります。
参考交通は、所在地から直線距離3km以内に位置する駅を基準に全ての沿線を検索しています。ただし、表示件数は最大5件までとなります。

公告日	平成25年2月4日	閲覧開始日	平成25年2月4日
入札期間	平成25年2月19日～平成25年2月26日		
開札期日	平成25年3月5日	売却決定期日	平成25年3月8日
特売期間	平成25年3月6日～平成25年3月12日		

事件番号	平成24年(ケ)第●●●●号

売却基準価額	●●●●円	買受申出保証額	●●●●円
買受可能価額	●●●●円		

評価書上の交通	東京メトロ千代田線　●●駅　北東方　約●●km(道路距離、徒歩●●分)
参考交通	つくばエクスプレス　●●駅　東方　●●km JR常磐線各駅停車　●●駅　北方　●●km つくばエクスプレス　●●駅　南方　●●km つくばエクスプレス　●●駅　北東方　●●km

種別	土地	物件番号	1
所在地			
地目(登記)	宅地	地目(現況)	
土地面積(登記)	●●平方メートル	土地面積(現況)	
用途地域	第一種中高層住居専用地域	土地の利用状況	
建ぺい率	60%	容積率	200%

種別	土地　持分売り	物件番号	3
所在地			
地目(登記)	宅地	地目(現況)	雑種地
土地面積(登記)	●●平方メートル	土地面積(現況)	
用途地域	第一種中高層住居専用地域	土地の利用状況	
建ぺい率	60%	容積率	200%
持分	10分の1		

種別	建物	物件番号	4
所在地			
家屋番号			
種類(登記)	居宅	種類(現況)	
構造(登記)	木造スレート葺2階建	構造(現況)	
床面積(登記)	1階　●●平方メートル 2階　●●平方メートル	床面積(現況)	
間取り	4LDK	敷地利用権	所有権
占有者	債務者・所有者	築年月	平成●●年●月

※右のボタンをクリックすると、3点セット(物件明細書、現況調査報告書及び評価書)をPDFファイルでダウンロードすることができます。通信速度56kbpsのモデムをご使用の場合、1メガバイトのファイルをダウンロードするために必要な時間は約4分が目安となります。ただし、この時間は通信回線の使用状況等により変動します。

DOWNLOAD (1.91メガバイト)

※注意事項　本詳細情報画面の内容については、必ず、3点セット(物件明細書、現況調査報告書及び評価書)をダウンロードの上、ご確認ください(民事執行法63条2項1号の申出がある場合等があります。)。
　　　　　　本システムからダウンロードした「現況調査報告書」及び「評価書」に引用されている写真、資料及び図面は、本システム上は、添付されていない場合があります。

お問合せ先

ロードできます。最初に期間入札の公告が出てきます。次に３点セットが「物件明細書」「現況調査報告書」「評価書」の順で出てきます。

　これで、選択した物件について一通りの情報を得ることができました。あとはこれらを精読して、物件を精査してください。

　その後に大切なことは、当該３点セットの資料を持参して、自分自身で現地および行政の担当部署に出向き、情報の再確認をすることです。買受けはあくまでも自己責任です。確認・調査が大切なのです。

　また、物件に占有者がいる場合、占有者の占有権原が問題になります。占有権原に関する裁判所の判断は、次編で取り上げる３点セットの「物件明細書」に記載があります。

　なお、「現況調査報告書」および「評価書」に引用されている写真、資料および図面については、サイト上には添付されておらず、ダウンロードができない場合があります。

COLUMN

公道・私道

公道と私道について

民間の競売情報の広告をみると、物件概要の欄に、接面道路の方位、幅員などと併せて、公道か私道かの別が必ず記載されています。「南側幅員約4m公道（私道）に面する」などといった具合です。

公道は、一般的に国・地方公共団体が設置し、または管理している道路のことをいいます。

私道は、公道以外の道路のことです。私人が自ら設置し管理する道路で、原則として自由に廃止することができます。ただし建築基準法上の道路に指定された私道の廃止はできません。

また、公道の中にも私人が所有するものもありますし、私道のなかにも国・地方公共団体が所有するものもあります。必ずしも所有と管理とは一致しません。

公道は、誰でも通行できます。私道を通行できるのは、原則的には所有者と、所有者から許可を受けた人に限られます。私道に水道管の工事をする場合や、下水道を通す場合には、私道の所有者の許可や、または別途費用が必要となる場合もありますので、注意してください。

COLUMN

私道の所有形態

①専有私道
　当該敷地を一人の地主が所有するケース
②共有私道
　私道一筆で、接面する宅地の所有者の共有のケース
③分筆型私道
　私道が短冊形に分筆されていて、当該私道に接面する宅地の所有者が私道敷きの所有権を取得するケース

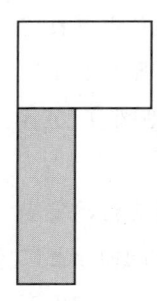

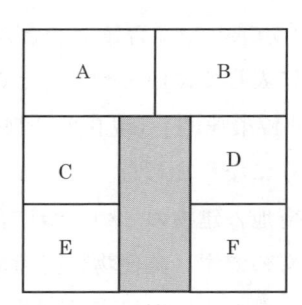

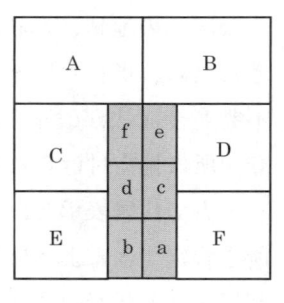

①専有私道　　②共有私道　　③分筆型私道

COLUMN

地番と住居表示

　地番とは、もともと租税のための番号で、固定資産課税上土地の位置を確定するための公図に記載されている番号です。当初は1番、2番などとされていましたが、「分筆」や「合筆」、「地積更正」等の行政処分が行われたため、現在は、1番1、1番2などといった表示になっているわけです。

　公図上の地積、形状は、「分筆」や「合筆」などが繰り返されてきたため、現在の形を正確に表してはいません。そこで昭和35年に不動産登記法が改正され、「17条地図」（現在の「14条地図」）が各登記所に備え付けられるようになりました。

　一方で住居表示とは、市街地の建物の一つ一つに番号を付けて場所を特定できるようにしたものです。郵便物の配達や宅配便などに利用される住所のことです。ちなみに住居表示の番号は、建物の玄関の位置に割り振られるようです。住居表示を実施している市区町村では、住居表示台帳を保管していて、地番との対照表もあるはずです。

　住居表示から地番を探し出すことも、地番から住居表示を探し出すこともできます。東京都の場合、担当課は住居表示課です。電話での問い合わせにも対応してくれるところが多いと思います。法務局にも、この地番と住居表示の対照表があります。また市販の住宅地図のブルーマップでも、住居表示で所在を確認して地番を探し出すことができます。

第2章 その他の項目について

　トップページの最上段に、お知らせ、売却結果、過去データ、全国過去、用語集、手続き案内、使い方の各項目があります。

1　お知らせについて

　下記のような各執行裁判所からの、お知らせの連絡事項と注意事項が掲載されます。

例1　入札を希望される方へ

　入札は、原則としてどなたでも参加できますが、裁判所による競売であるため、一般の不動産取引とは異なるところがあります。入札にあたってはご自身で物件をよく確認したうえで入札をお願いします。

例2　3点セットの閲覧等について

　本サイトでは「物件明細書」、「現況調査報告書」、「評価書」のいわゆる3点セットを閲覧できますが、売却になるすべての物件を提供しているわけではありません。当庁1階閲覧室には、すべての物件の3点セットが備え付けられており、どなたでも閲覧、謄写ができます。

　なお、電話での物件の内容に関する問い合わせには応じられませんので、ご了承ください。

例3　競売ファイル・競売手続き説明書の閲覧等について

　物件明細書の記載等について説明した「競売ファイル・競売手続き説明書」（PDFファイル形式）の閲覧方法が記載されています。

例4　表示文字について
　緑色の文字色で表示されている項目については、誤記等によって修正を加えたものです。
例5　図面について
　3点セットは、Ａ4判に統一したうえで電子化しています。よって、縮尺については、正確でない場合があります。また一部図面等が省略されている場合があります。
例6　入札手続きについて
　入札手続きの詳細および必要書類については、執行官室備付けのパンフレットをご覧になるか、当庁執行官室までお問い合わせください。
例7　その他、**各執行裁判所のお知らせがあります**

2　売却結果について

　最新の開札期日に行われた、開札結果の一覧が見られます。
　まず事件番号、物件番号、所在地、売却価額、開札結果、入札者数、落札者の属性等が一覧表で表示されます。これにより、売却基準価額の何倍で落札したのか、入札は何本入ったのかといったことがわかります。

3　過去データについて

　過去3年にさかのぼって、売却データを取得することが可能です。
　所在地、交通、売却基準価額、売却価額、物件種別、地目、土地面積、建ぺい率、容積率、構造、間取り、築年月日、階数、管理費等、床面積、専有面積、バルコニー面積、総戸数——等の資料が入手できます。

4 スケジュールについて

　各執行裁判所における期間入札のスケジュール表が表示できます。開札日、売却実施処分日、公告日、閲覧開始日、入札開始日、入札終了日、売却決定日、確定日、状態等のスケジュールが見られます。売却手続きおよび不動産執行手続き、引渡命令手続き、入札等の手続きは、各執行裁判所によって異なることがあると思われます。物件を管轄する裁判所のスケジュールを確認して行動してください。

5 全国過去について

　全国の過去データを様々な検索条件で絞り込んだ後、次の分析項目について比較・分析することができます。

（1）入札数
（2）売却価額
（3）売却基準価額

比較・分析には、次の3種類のグラフが利用できます。

分析グラフ（棒グラフ）
　検索結果を分析項目に応じて集計します。また該当する物件について内容の詳細を見ることができます。

平均グラフ（折れ線グラフ）
　分析項目の平均値推移を見ることにより、複数の検索対象を比較することができます。

年比較グラフ（折れ線グラフ）
　検索対象の平均値推移を年別で比較することができます。

6 用語集について

裁判所競売でよく使われる用語の記載があります。

7 手続き案内について

主な手続きについての案内があります。

(1) 売却手続きの流れ

売却手続きの流れを図表で閲覧できます。

(2) 不動産執行手続きの流れ

不動産執行手続きの流れを図表で閲覧できます。

(3) 引渡命令手続きの流れ

引渡命令手続きの流れを図表で閲覧できます。

(4) 入札等の手続きの流れ

入札等の手続きの流れを閲覧できます。

8 使い方について

(1) 競売物件情報の検索

競売物件を指定条件に従い検索できます。電子化された3点セット（物件明細書、現況調査報告書、評価書）のダウンロードができます。

(2) 売却結果の照会

売却結果、特別売却結果を検索照会できます。

(3) 過去データの照会

最大で過去3年分の売却データを検索照会できます。

(4) 売却スケジュールの照会

地方裁判所ごとに策定される売却スケジュールを照会できます。

BITシステム

　裁判所はIT時代に対応し、平成16年4月から物件明細書、現況調査報告書、評価書の3点セットや、期間入札の公告に関する情報をインターネットで公開することにしました。これが、BITシステムです。従来は、管轄の裁判所まで出向いて閲覧していた競売物件の情報や入札に必要な情報が、自宅や事務所で居ながらにして見られるわけですから、入札希望者には大変便利になりました。

　BITシステムには、競売物件の情報のみでなく、各々の裁判所からのお知らせ、競売物件の売却結果、過去データ、全国の過去データなども掲載されています。これらの資料は、落札価格を予想する際に大いに参考となるでしょう。売却手続きのスケジュール、手続き案内などの情報も入手できます。

　BITシステムにより、全国の執行裁判所の競売物件情報や入札に関する情報が得られるようになりましたので、入札希望者は確実に増加し、売却率も大幅に上がっています。最近の東京地裁の統計では、売却率は90％台後半を維持しています。ほぼ完売といえる状況です。

　現在このBITシステムは、全国170余の裁判所が参加していますが、平成25年3月までには全国の裁判所で導入が完了する予定です。

第3編

3点セットによる危険な物件の見分け方

ポイント整理

3点セットとは、「物件明細書」「現況調査報告書」「評価書」

1　3点セットには当該物件の重大な問題が記載されている
2　「物件明細書」には、買受人が負担する権利関係などについて、裁判所の見解が記載されている
3　「現況調査報告書」には、物件の現況および占有関係の現況が記載されている
4　「評価書」には、物質的欠陥と法的欠陥（主に行政法規の欠陥）などが記載されている

競売市場に参加するにあたって何より心がけなければいけないのは、いかに問題の少ない物件を選び出すのかということです。市場には、危険な物件も数多く紛れ込んでいます。言い換えるならば、致命的な問題のある物件をきちんと見分けて、決して手を出さないことが肝心です。手掛かりは、もちろん３点セットです。

　そもそも中古不動産に、完璧なものは存在しません。多かれ少なかれ、必ず何らかの問題があるものです。競売不動産の場合は、物理的な欠陥に加えて、占有者がいるなどといった権利関係の問題もあります。

　そこで裁判所は、売却を決定したすべての物件について、専門家に調査を命じます。裁判所の要請によって執行官の作成する「現況調査報告書」と、評価人の作成する「評価書」には、物件の問題点が漏れなく指摘されています。さらに裁判所は、これらに基づき「物件明細書」を調査作成します。当該物件の権利関係について、裁判所の見解を記載するのです。これらを３点セットと呼びます。

　３点セットの書式は、全国で統一されています。差し押さえられてすぐに作成されますが、完成した３点セットが公開されるのは、５～６カ月後です。

　入札希望者は、公開された３点セットを閲覧し、指摘された欠陥を、現地で実際に確認します。それによって、どのような問題があるかを把握することができます。

　それではこれから、３点セットの見方について解説していきます。ダウンロードした３点セットに書かれていることは、すべてが重要なのですが、中でも重要度に応じて（最重要☆☆☆、より重要☆☆、重要☆）を表示しておきます。

第1章 「物件明細書」の見方

1. 競売物件に重大な権利関係がある場合、それについての裁判所の判断が記載されています。買受人には、最も重要な書類です。
2. 買受人の立場からすると、物件の「法的な欠陥」が指摘されているということです。

1 物件明細書の構成

「物件明細書」を見ると、1として不動産の表示があり、2～5に、買受人に影響する重要な権利関係が記載されます（P51、52参照）。具体的には以下のとおりです。各欄には、定型文とインデックス番号が記載されます。

1. 不動産の表示
2. 売却により成立する法定地上権の概要
3. 買受人が負担することとなる他人の権利
4. 物件の占有状況等に関する特記事項
5. その他買受けの参考となる事項

買受け希望者は、この段階では物件に立ち入ることも、占有関係を調査することもできません。「物件明細書」は、買受け希望者にとって権利関係を確認できる唯一の資料です。ただしよく読んだ後

は、必ず自分で現場に行き、形状、占有状況等を３点セットと照合する必要があります（理由については、次の第４編　不動産の調査の方法に記載します）。

２　物件明細書に記載されている権利関係の見方（重要度☆☆☆）

　前記１～５の各項目には、該当する事項がある場合、その内容が簡単な定型文で記載されています。記載内容だけでは、何が書かれているのかわからないという人も多いでしょう。そこで、裁判所で配布される『競売ファイル・競売手続説明書』の出番です。インターネットでもダウンロードできます。

　同説明書の中の「物件明細書の詳細説明」をみると、各定型文にインデックス番号が付けられ、さらにインデックス番号ごとに、定型文の意味する内容や、裁判所の見解が記されています。

3点セットによる危険な物件の見分け方 | 第3編

（物件明細書書式①）

平成　年（ケ）第　　号

物　件　明　細　書

平成　年　月　日
地方裁判所
裁判所書記官

記載例

1　不動産の表示
　　【物件番号1、2】
　　別紙物件目録記載のとおり

2　売却により成立する法定地上権の概要
　　例　上記法定地上権は、土地の平成○年○月○日付け抵当権設定登記に後れる。
　　　　　　　　　　　　　　　　　　　　　　　　（インデックスNo.A－2）

3　買受人が負担することとなる他人の権利
　　【物件番号3、4】
　　例　上記賃借権は最先の賃借権である。
　　　　　　　　　　　　　　　　　　　　　　　　（インデックスNo.B－1）

4　物件の占有状況等に関する特記事項
　　【物件番号　】
　　例①　1階部分は　A　が占有している。同人の賃借権は滞納処分による差押えに後れる。
　　　　　　　　　　　　　　　　　　　　　　　　（インデックスNo.C－17）
　　　②　2階部分は　B　が占有している。同人の賃借権は抵当権に後れる。ただし、代金納付日から6か月間明渡しが猶予される。
　　　　　　　　　　　　　　　　　　　　　　　　（インデックスNo.C－18）

5　その他買受けの参考となる事項
　　例　隣地（地番○番）との境界が不明確である。
　　　　　　　　　　　　　　　　　　　　　　　　（インデックスNo.D－1）

(物件明細書書式②)

《 注 意 書 》

1　本書面は、現況調査報告書、評価書等記録上表れている事実とそれに基づく法律判断に関して、執行裁判所の裁判所書記官の一応の認識を記載したものであり、関係者の間の権利関係を最終的に決める効力はありません（訴訟等により異なる判断がなされる可能性もあります）。

2　記録上表れた事実等がすべて本書面に記載されているわけではありませんし、記載されている事実や判断も要点のみを簡潔に記載されていますので、必ず、現況調査報告書及び評価書並びに「物件明細書の詳細説明」も御覧ください。

3　買受人が、占有者から不動産の引渡しを受ける方法として、引渡命令の制度があります。引渡命令に関する詳細は、「引渡命令の詳細説明」を御覧ください。

4　対象不動産に対する公法上の規制については評価書に記載されています。その意味内容は「公法上の規制の詳細説明」を御覧ください。

5　各種「詳細説明」は、閲覧室では通常別ファイルとして備え付けられています。このほか、BITシステムのお知らせメニューにも登載されています。

第2章 物件明細書の詳細

ここからは、物件明細書の各項目について、説明していきます。

1 不動産の表示（重要度☆☆☆）

「別紙物件目録記載のとおり」と記載されます。物件目録は、「現況調査報告書」の中にあります。物件ごとに、物件番号が付けられています（競売は原則として、1物件ごとに売却されます）。今後の入札・照合等に必ず必要になります。

土地については、登記簿に記載された所在地番で表示されます。建物については登記簿に記載された家屋番号で表示されます。

2 売却により成立する法定地上権の概要（重要度☆☆☆）

法定地上権とは、以下のようなものです。

日本の法律は、土地と建物を別々の不動産として扱います。競売された結果、土地と建物の所有者が別人になる、ということもあり得ます。それによって、建物を取り壊さなければならない事態を避けるために、建物の敷地利用権としての地上権を、法律で認めているのです。ただし、法定地上権が成立するためには、一定の要件を満たす必要があります。法定地上権は強固な物権です。

例えば、物件明細書に「売却対象外の土地（地番○番）（の一部）につき、本件建物のために法定地上権が成立する。」と記載されていたとします。インデックスNo.A－1の記載です。

ここで、『競売ファイル・競売手続説明書』を開きます。裁判所で配布されている資料で、物件明細書の記載内容に関する、裁判所の判断が書かれています。インデックスNo.Ａ－１については、以下のように書かれています。

「売却対象である本件建物のために売却対象外の敷地である○番の土地に本件建物の敷地を利用するために必要な法定地上権が成立することを意味します。」

要するに、敷地の一部は他人の土地だけれども、法定地上権が成立するから大丈夫ですよ、ということです。

記載事項の例をもう１つ挙げておきます。
記載事項：「上記法定地上権は、土地の平成○年○月○日付け抵当権設定登記に後れる。」（インデックスNo.Ａ－２）
裁判所の判断：「売却対象である本件建物のために法定地上権が成立しますが、敷地に先順位の抵当権設定登記があるため、買受人は敷地の抵当権者に法定地上権の成立を主張することができません。その結果、敷地が競売されると法定地上権が売却によって消滅し、本件建物を収去（取壊し）しなければならなくなる可能性があります。」

要するに、敷地が売却されると、法定地上権が消滅してしまいます。建物を収去して土地を明け渡さなければならない事態も、起こり得ますよということです。これでは、安心して買い受けることはできません。

３　買受人が負担することとなる他人の権利（重要度☆☆☆）

物件が売却された後においても、元の所有者がほかの人と締結した契約等に基づく権利（例えば賃借権）が消滅しない場合には、買受人はその権利を引き継ぐことになります。そうした、買受人が物

件を買い受けた後に、引き継がなければならない権利がある場合、ここに記載されます。売却後も効力を失わない仮処分の内容も、ここに記載されます。

　例えば、物件明細書に「賃借権」、末尾に「上記賃借権は最先の賃借権である。」と記載されていたとします。インデックス番号は「Ｂ－１」です。裁判所の判断は、『競売ファイル・競売手続説明書』の中に、以下のように書かれています。
　「その物件につき、最も早い順位で所有者と第三者との間に賃貸借契約が結ばれており、買受人は第三者に対し、引き続きその物件を賃貸しなければならないことを意味します。この賃借権は、自己使用の必要性等の法律上の正当事由がない限り、解約することは困難です。」
　要するに、この物件の占有者は、適法な権原を有する占有者と認められます。買受人は占有者に、買い受けた後も引き続き賃貸しなければなりません。引渡命令は発令されません。結果として買受人は、落札し所有権を得ても、自己使用はできませんよ、ということです。
　なお、買受人が賃借権を引き受けなければならないのかどうかは、抵当権設定時、賃借権設定時、占有開始時、差押え時の状況等により判断します。この法律判断は大変難しいものです。疑問のある場合は、担当書記官に確認することが重要です。
　これらの欄に記載される事項がなければ「なし」となります。記載事項があった場合は、買受人にとって重要な影響を及ぼす権利関係があるということですから、注意が必要です。

4　物件の占有状況等に関する特記事項（重要度☆☆☆）
　この欄には、占有の状況、及びその占有権原について、「買受人

が負担することとなる他人の権利」欄には記載されない権利が、記載されます。主に賃借権・特約・地上権・留置権・質権・仮処分等についてです。

「買受人が負担することとなる」ものではないわけですから、ここに記載されている占有者は、原則として引渡命令の対象になると考えられます。裁判所はそのように判断しているのです。

なお、これは現況調査時の状況です。その後に占有状況が変わっている場合もあります。差押え後の占有者は、原則として引渡命令の対象となります。

記載事項の例を2つ挙げておきます。
記載事項：「1階部分はAが占有している。同人の占有（又は賃借権）は滞納処分による差押えに後れる。」（インデックスNo.C－17）

裁判所の判断：「本件競売手続の差押え前の滞納処分による差押え（租税官庁の差押え）に後れる占有者がいることを意味します。

仮にこの占有者が賃借権に基づいて占有していたとしても、滞納処分による差押えに後れているので、賃借権は売却によって消滅し、買受人がその負担を引き受けることにはなりません。（後略）」

要するに、占有者の賃借権は、売却によって消滅します。買受人はこの賃借権を引き受ける必要はありません。Aには引渡命令が発令されますよ、ということです。

記載事項：「2階部分はBが占有している。同人の賃借権は抵当権に後れる。ただし、代金納付日から6か月間明渡しが猶予される。」（インデックスNo.C－18）

裁判所の判断：「占有者の賃借権に基づく建物の占有が、最先順位抵当権より後れるため、賃借権は売却によって消滅し、買受人が

その負担を引き受けることにはなりませんが、法の規定により、買受人が代金を納付した日から６か月間買受人に対する物件の明渡しが猶予されることになります。この明渡猶予期間経過後でなければ引渡命令に基づく強制執行をすることはできません。（後略）」

　要するに、占有者の賃借権は、売却によって消滅します。買受人はこの賃借権を引き受ける必要はありません。Ｂには引渡命令が発令されます。ただし、代金納付日から６カ月間は明渡しが猶予されます。猶予期間経過後でなければ、引渡命令の申立てはできません、ということです。

　また元所有者は、買受人が代金を納付するまでは自由に使用、収益することができます。他人に賃貸することも可能です。占有者の移転の可能性がありますので、注意が必要です。

5　その他買受けの参考となる事項（重要度☆☆☆）

　この欄には、１～４の各欄に記載される事項以外の、買受けの参考となる事項が記載されます。境界確定から通行権、温泉権、清算金、滞納管理費、処分禁止の仮処分、売却のための保全処分等、多岐にわたっています。一度は目を通しておくのがよいでしょう。

　記載例を次に掲げます。

　記載事項：「隣地（地番○番）との境界が不明確である。」（インデックスNo.Ｄ－１）

　裁判所の判断：「このような場合は、買受人としては、隣地所有者と境界確認のための協議が必要となるでしょうし、協議が調わなければ境界確定又は所有権の範囲確認の訴訟又は調停などが必要となるでしょう。（中略）

　もっとも、不明確の程度がそれほど大きくない場合は、物件明細書にこのような記載をせずに、また、売却基準価額においても特段

の考慮をせずに売却する場合もあります。」

　要するに、売却対象土地の面積が、物件目録面積より少なくなる可能性があるのです。こうした要素は、執行裁判所で売却基準価額を定める際には考慮されています。もし疑問に思う場合には、担当執行官に確認することが大切です。

> 注意１

　「物件明細書」には、記録上の権利等が全部記載されているわけではありません。必ず「現況調査報告書」「評価書」と併せて確認する必要があります。

> 注意２

　「物件明細書」に記載された法律判断は、専門的なものが含まれます。案件が複雑な場合など何か疑問点があれば、担当書記官に直接聞くことが肝心です。本当によく教えてくれます。

６　引渡命令対照表（重要度☆☆☆）

　だれしも、自分が買い受ける物件には、全く危険のないものを望んでいるはずです。しかし問題の少ない物件は、おのずと入札の競争率が高まります。極端な例では、一般市場よりも高値で落札されるケースも見受けられるほどです。

　一方で、一口に問題といっても、深刻さの度合いは一様ではありません。なかには修復可能な問題もあれば、反対に修復ができないものも存在します。したがって、できるだけ安い価格で物件を手に入れるためには、修復可能な程度の問題がある物件が狙い目だといえます。

　こうした物件を見極めるには、権利関係に関する裁判所の判断を理解することが必要です。なかでも占有者のいる物件については、その占有者が引渡命令の対象になるのか否かということが、とても

重要になります。

そこで、「物件明細書」の記載事項全93例について、占有者のいる物件については引渡命令の対象になるか否かを検討し、権利関係に関する安全度をまとめた『引渡命令対照表』を作成しました。買受けの安全度を、「×」「△」「○」「◎」の４段階で表示しています。買受けの安全度は、占有者が引渡命令の対象になるかどうか、当該権原の強弱、売却基準価額、問題の修復の程度等を総合的に判定しました。実際の買受けにあたっては、当該物件の価値も考慮して判定してください。判定の意味は、それぞれ次のとおりです。

　×……問題の修復は不可能
　△……問題の修復の可能性は少ない
　○……問題の修復の可能性は高い
　◎……ほぼ問題がない

ぜひ、買受けの際の参考にしてください（引渡命令の対象となるのかどうか、最終的に判断するのは裁判所です。対照表は、あくまでも本書オリジナルの参考資料です）。

なお、買受けの安全度△○の物件を買い受ける場合は、安全を期して担当書記官または競売専門の弁護士に再確認することをお勧めします。

「引渡命令対照表」(重要度☆☆☆)

【A　売却により成立する法定地上権の概要欄について】

インデックスNo.	物件明細書記載事項
「競売ファイル・競売手続説明書」に記載された裁判所の見解	
買受けの安全度	
A－1	売却対象外の土地（地番○番）（の一部）につき、本件建物のために法定地上権が成立する。

裁判所の見解

　売却対象である本件建物のために売却対象外の敷地である○番の土地に本件建物の敷地を利用するために必要な法定地上権が成立することを意味します。

解説

　売却対象建物のために、対象外土地に法定地上権が成立します。これにより本件建物の敷地利用権は確保されます。買受けに問題はありません。

　ただし、地主から地代請求される場合もあります。金額は話合いで決められますが、決まらない場合は裁判所が決定します。

買受けの安全度　◎

A－2	上記法定地上権は、土地の平成○年○月○日付け抵当権設定登記に後れる。

裁判所の見解

　売却対象である本件建物のために法定地上権が成立しますが、敷地に先順位の抵当権設定登記があるため、買受人は敷地の抵当権者に法定地上権の成立を主張することができません。その結果、敷地が競売されると法定地上権が売却によって消滅し、本件建物を収去（取壊し）しなければならなくなる可能性があります。

第3編 3点セットによる危険な物件の見分け方

解説
　法定地上権が消滅した場合には、地主と交渉して借地をする、あるいは敷地利用権を得るなどといった対策が考えられます。
買受けの安全度　×または△

A－3	本件土地（の一部）につき、売却対象外の建物（家屋番号○番）のために法定地上権が成立する。

裁判所の見解
　売却対象外建物のために売却対象である本件土地に法定地上権が成立して、本件土地を買い受けても法定地上権が続く間は買受人は土地を自ら利用できません。ただし、借地人に対し地代を請求することはできます。

解説
　引渡命令の対象になりません。買受人は、自ら利用することはできません。ただし地代徴収権はあるので、借地人に地代を請求することができます。売却基準価額は低く定められているので、投資利回りによっては買い受けるという判断もあり得ます。
買受けの安全度　△

A－4	本件土地（の一部）につき、売却対象外の建物（家屋番号○番）のための法定地上権の成否は不明であるが、これが成立するものとして売却基準価額が定められている。

裁判所の見解
　現況調査等によっても、法定地上権が成立するかどうかが不明の場合もあります。
　左記の記載は、このような場合でも買受人が不測の不利益を被らないために、法定地上権が成立することを前提として執行裁判所が売却基準価額を定めたという意味です。

解説

　法定地上権が成立することを前提に、売却基準価額は低く設定されています。法定地上権が成立した場合は自己使用はできません。ただし地代徴収権はあるので、借地人に地代を請求することができます。

　格安で取得できる可能性があるため、結果として法定地上権が成立しないことになれば、お得な物件だといえます。

買受けの安全度　△

A－5	この欄に「なし」と記載してあるもの

裁判所の見解

　売却対象である土地についても、また売却対象である建物のためにも法定地上権の成立がない場合の記載です。

　理論上は法定地上権が成立しても、敷地と建物が一括売却の場合は双方とも買受人が所有権を取得しますから、法定地上権は「なし」となります。この場合でも、評価書上は法定地上権を考慮したものとなります。これは、競売においては敷地と建物のそれぞれの内訳価格を法定地上権を考慮して算出する必要があるからです。

解説

　完全な所有権付き建物です。

買受けの安全度　◎

【B　買受人が負担することとなる他人の権利欄について】

インデックスNo.	物件明細書記載事項
「競売ファイル・競売手続説明書」に記載された裁判所の見解	
買受けの安全度	
B－1	賃借権 末尾に ①　「上記賃借権は最先の賃借権である。」 との記載がある場合 ②　「上記賃借権は最先の賃借権である。期限後の更新は買受人に対抗できる。」 との記載がある場合

裁判所の見解

　その物件につき、最も早い順位で所有者と第三者との間に賃貸借契約が結ばれており、買受人は第三者に対し、引き続きその物件を賃貸しなければならないことを意味します。この賃借権は、自己使用の必要性等の法律上の正当事由がない限り、解約することは困難です。このことは、期間の定めのない場合も同様です。

　①は期間の定めがない場合の記載で、②は期間の定めがある場合の記載です。短期賃借権と異なり、物件明細書記載の期限後（期間経過後）に更新された場合にも、賃借人は、買受人に対して賃借権を主張することができます（買受人は、更新後も更新内容に従って引き続き賃貸しなければなりません。）。

解説

　抵当権の設定時期が基準となります。抵当権設定時より前の賃借権が最先の賃借権です。
①　最先の賃借権があります。解約することは困難です。引渡命令の対象にはなりません。転売は、占有者が立ち退かない可能性があり

不可。収益物件向きです。

買受けの安全度 △

② 期限後の更新でも、賃借人は賃借権を主張することができます。自己使用は困難です。

買受けの安全度 △

| B−2 | 賃借権
末尾に
① 「上記賃借権は抵当権設定後の賃借権である。」
との記載がある場合
② 「上記賃借権は抵当権設定後の賃借権である。期限後の更新は買受人に対抗できない。」
との記載がある場合 |

裁判所の見解

　最も早い（最先順位）抵当権に後れる賃借権ですが、賃貸借の期間が短期（植栽又は伐採目的での山林については10年以下、その他の土地については5年以下、建物については3年以下）のため、法律が特に短期賃借権としてその契約を保護する場合を意味し、期間満了後は明渡しを求めることができます。

　期間の定めのないものについては、買受人は原則としていつでも解約申入れができると考えられています。ただし、解約申入れから契約が終了するまでは6か月以上の期間が必要なことから、引渡命令の対象とはならない可能性が大きいです。

　明渡しについて当事者間で合意ができないときは、訴訟又は調停などの法的手段が必要となります。

　①は期間の定めがない場合の記載で、②は期間の定めがある場合の記載です。期限後（期間経過後）に更新された場合には、賃借人は、買受人に対して更新後の賃借権を主張することはできず、買受人は更

新に拘束されません。
(注) 平成15年の民法改正（平成16年4月1日施行）により短期賃貸借保護制度は廃止されましたが、法の経過措置により、なお短期賃借権が認められる場合の記載です。

解説

① 期限の定めがない場合です。解約申入れから契約が終了するまでに、6カ月以上必要なので、引渡命令の対象にならない可能性が大です。明渡しについて、当事者間で話合いがつかない場合は、訴訟か調停によることになります。自己使用、転売は不可。収益物件向きです。

買受けの安全度 △

② 期間の定めがある場合です。期限後に更新された場合、賃借人は、更新後の賃借権を主張することはできません。期限後は引渡命令の対象になるため、自己使用ができます。

買受けの安全度 ○

| B－3 | 賃借権
末尾に
① 「上記賃借権は、抵当権者の同意の登記がされた賃借権である。」
との記載がある場合
② 「上記賃借権は、抵当権者の同意の登記がされた賃借権である。期限後の更新は買受人に対抗できる。」
との記載がある場合 |

裁判所の見解

　この賃借権は、抵当権に後れますが、優先する総ての抵当権者がこの賃借権に同意していることが登記されているため、買受人は賃借人

に対し、引き続きその物件を賃貸しなければなりません。賃借権の内容は登記されている範囲に限られます。また、この賃借権は、自己使用の必要性等の法律上の正当事由がない限り、解約することは困難です。このことは、期間の定めのない場合も同様です。

　①は期間の定めがない場合の記載で、②は期間の定めがある場合の記載です。物件明細書記載の期限後（期間経過後）に更新された場合にも、賃借人は、買受人に対して賃借権を主張することができます（買受人は、更新後も更新内容に従って引き続き賃貸しなければなりません。）。

解説

　①、②は、いずれも引渡命令の対象にはなりません。自己使用、転売は不可。当該賃借権は安定しているので、収益物件向きです。

買受けの安全度　△

B－4	賃借権（不明） 末尾に ①「賃借権の存否（占有権原の存否、占有権原の種別）は不明であるが、最先の賃借権が存在するものとして売却基準価額が定められている。」 との記載がある場合 ②「賃借権存否（占有権原の存否、占有権原の種別）は不明であるが、抵当権に後れる賃借権が存在するものとして売却基準価額が定められている。」 との記載がある場合

裁判所の見解

　現況調査や執行裁判所による審尋等の結果によっても、賃借権の有無が分からない場合や占有権原が特定できない場合があります。

左記の記載は、その賃借権を買受人が引き受けることは確定していませんが、占有者が賃借権の存在を証明すると買受人はこれを引き受けることとなるため、買受人がその不利益を被ることのないように売却基準価額が定められたことを表しています。

　左記の記載の直前に賃借権の内容が記載されている場合、その内容は、売却条件の前提とした賃借権を記載したものです。

　①は「最先の賃借権」を引き受けるものとした場合の記載で、②は「抵当権に後れる賃借権」を引き受けるものとした場合の記載です。「最先の賃借権」の意味についてはＢ－１の、「抵当権に後れる賃借権」の意味についてはＢ－２の解説をご覧ください。

　左記の記載がある場合の引渡命令の申立てについては、引渡命令の詳細説明２（３）も参考にしてください。

解説

　買受人が賃借権を引き受けるかどうかは確定していません。

① 賃借権原があるものとして、売却基準価額が低く定められている場合です。引渡命令の対象にはならないため、自己使用は困難です。ただし、結果として賃借権の引受けがなければ、お買得な物件だともいえます。

買受けの安全度　△

② 賃借権原がないものとして、売却基準価額が定められている場合です。引渡命令の対象となる可能性は大きいといえます。

買受けの安全度　○

Ｂ－５	《期限》欄に「定めなし」とあるもの

裁判所の見解

　賃貸借について、期間の定めがない場合です。契約上の期間の定めがない場合と、建物の賃貸借で契約上は期間の定めがあったものの借地借家法26条１項により法定更新され、同条により期間の定めがな

いとみなされる場合を含みます。

　短期賃借権の場合は、いつでも解約申入れが可能であるといわれていますが、最先の賃借権の場合は、期間の定めがある場合と同様に法律上の正当事由がない限り解約することは困難です。なお、「賃借権」（B－1、B－2、B－3）の説明もご覧ください。

解説
① 最先の賃借権で期限の定めがない場合は、引渡命令の対象となりません。

買受けの安全度　△

② 最先の抵当権に後れる賃借権で期限の定めがない場合は、解約の申入れから契約が終了するまで6カ月以上必要なので、引渡命令の対象とならない可能性大です。契約終了後は引渡命令の対象となります。

買受けの安全度　○

③ 抵当権者の同意の登記がある賃借権で期限の定めがない場合は、引渡命令の対象となりません。

買受けの安全度　△

B－6	敷金・保証金

裁判所の見解

　賃貸借契約終了の際、未払賃料や損害金等を控除した上、賃借人に返還すべきお金で、この返還義務は買受人が引き継ぐことになります。いわゆる敷引き（敷金・保証金の償却）の特約があるときでも、契約時の差し入れ額が表示されます。

　敷金・保証金の返還義務については評価上考慮されることもあります。この場合、買受人が現実に返還を要する敷金・保証金の額は、評価上考慮した金額等に拘束されるものではありません。評価上考慮した金額等は評価額を定めるための一つの基準にすぎないことに注意し

てください。

解説

買受人に返還義務があります。実際に返還しなければならない金額は、評価上考慮された金額とは異なり、時間の経過により増額している場合があります。注意してください。

買受けの安全度　△

| B－7 | 《敷金（保証金）》欄に「○○円（売却基準価額は、左記敷金（又は保証金）の返還義務を考慮して定められている。）」と記載があるもの |

裁判所の見解

評価書記載の評価額から、執行裁判所が敷金（又は保証金）額を控除して売却基準価額を定めたことを意味します。この場合は、評価額と売却基準価額が異なることになります。もっとも敷金（又は保証金）額を評価に反映している取扱いも多くあります。この場合は、評価額と売却基準価額が一致するので、このような記載はなされません。

買受人が現実に返還を要する敷金（又は保証金）の額は、執行裁判所の控除額に拘束されるものではありません。この控除額は売却基準価額を定めるための一つの基準にすぎないことに注意してください。

解説

買受人に返還義務があります。実際に返還しなければならない金額は、控除された金額とは異なり、時間の経過により増額している場合があります。注意してください。

買受けの安全度　△

| B－8 | 《敷金（保証金）》欄に「不明（敷金（又は保証金）○○円の主張があるが、過大であるため、適正敷金（又は保証金）額を考慮して売却基準価額が定められている。）」と記載があるもの |

裁判所の見解

この意味は、

① 執行裁判所としては、買受人が返還義務を負うこととなる敷金（又は保証金）の額は不明であると判断したこと。
② 賃借人の主張する敷金（又は保証金）の額が○○円であること。
③ その主張に対し、契約内容や取引相場から判断して、敷金（又は保証金）の額が過大な金額と判断できること。
④ 売却基準価額を定めるにあたっては、契約内容や取引相場から判断して適正と考えられる金額を一応買受人が返還義務を負う敷金額と想定して考慮したこと。

ということです。

この場合、買受人が具体的に返還義務を負う額は買受人と賃借人間の協議により定めることになります。その場合、売却基準価額を定めるうえで考慮した適正敷金（又は保証金）額に拘束されるものではありません。協議が調わないときは、訴訟又は調停などの法的手段が必要となります。

なお、買受人が返還義務を引き受けないとされた敷金（又は保証金）については、賃借人と本件所有者との間で解決されることになるでしょう。

解説

賃借人は、敷金の額は○○円だと主張しています。ただしその金額が過大であり、執行裁判所は、返還を要する敷金の額が不明だと判断しています。そのため、適正と判断される敷金を一応考慮して売却基準価額が定められています。

買受人は、適正と認められる敷金の返還義務を負います。現実に返還する金額は不確定です。

買受けの安全度　　△

| B−9 | 特約 |

裁判所の見解

買受人に不利益となると一般に考えられる特約があるときに記載され、すべての特約が記載されるものではありません。

解説

買受けにあたっては、特約の内容を個別に検討する必要があります。

買受けの安全度　△または×

| B−10 | 地上権 |

裁判所の見解

地上権とは、他人の土地の地上又は地下において建物その他の工作物又は植林の目的となる樹木等を所有するため、その土地を使用することができる権利です。この権利が最も早い（最先順位）抵当権よりも先に登記されている場合は、買受人がその負担を引き受けることになり、地上権の内容が記載されます。ここでいう地上権は当事者間の設定行為により設定されたもので、競売の売却により成立する法定地上権は含みません。

解説

この権利が最先抵当権よりも先に登記されている場合は、引渡命令の対象にはなりません。

買受けの安全度　△または×

| B−11 | 地役権 |

裁判所の見解

地役権とは、他の土地の利用価値を増すために、売却対象土地を利用する権利です。例えば、他の土地のため、売却対象土地を通行したり、その土地から引水したり、その土地に一定の建物建築をさせなかったりすることを内容とします。そしてこの権利が最も早い（最先順位）抵当権よりも先に登記されている場合は、買受人が地役権の負

担を引き受けることになり、地役権の内容が記載されます。この場合、他の土地のために地役権の負担のある土地を承役地といい、利用価値が増す土地を要役地といいます。ここでの記載は、売却対象土地が承役地の場合です。地役権の負担のある土地の買受人は、要役地のために目的に掲げられた一定の行為（通行や引水など）を受忍したり、一定の利用をしない（建築をしないなど）義務を負担することになります。

解説

　この権利が最先の抵当権よりも先に登記されている場合は、買受人は、要役地のために一定の行為を受忍したり、一定の利用をしない等の義務を負担することになります。

買受けの安全度　　△

B－12	留置権

裁判所の見解

　留置権とは、物（売却対象物件）の占有者が、その物に関して生じた債権（例えば修繕費など）を有している場合又は商人間の商取引により生じた債権（例えば売買代金など）を有している場合に、その債権の弁済を受けるまでその物の引渡しを拒絶することができる権利で、契約等によらず法律上当然に発生する権利です。

　そして、この留置権は競売による売却によっては消滅せず、買受人がその負担を引き受けることになります。よって、買受人は、ここに表示された債権を留置権者に弁済しなければ留置権者から不動産の引渡しを受けることができません。買受人が現実に弁済すべき額は、遅延損害金等が加算され、ここに表示された債権額よりも多くなることもあります。

　なお、留置権により担保される債権額は、執行裁判所が売却基準価額を定めるにあたり考慮されています。

解説

　留置権は、競売の売却では消滅しません。したがって買受人は、その債権を負担することになります。債権額は、売却基準価額を決める際に考慮されています。買受人が現実に弁済すべき額には、遅延損害金等が加算されます。執行妨害を目的とした留置権もあるので注意してください。

買受けの安全度　△

B－13	質権

裁判所の見解

　買受人が負担する質権は、最先順位（最先の抵当権より先順位の登記があるもの）で、使用収益をしない旨の定めのないものが対象で、この欄に記載されます。この場合、質権の存続期間内は、質権者の債権を弁済して質権を消滅させるなどの特別な事情がない限り、買受人は質権者からの不動産の引渡しを受けることはできません。

　なお、存続期間は10年の範囲で更新されることがあります。

解説

　特約がない限り、買受人は債権者から不動産の引渡しは受けられません。注意が必要です。

買受けの安全度　△

B－14	仮処分

裁判所の見解

　買受人が負担することになる仮処分がある場合の記載です。これは、本件所有者以外の者から本件所有者に対し仮処分がなされている場合であり、買受人はその仮処分の内容の負担を引き受けることになります。また、被保全権利（仮処分により保全される権利）に関して仮処分権利者との紛争の当事者になります。今後の経緯によっては、買受人は不動産に対する権利に重大な制約を受ける可能性もあります。

解説

　本件所有者以外から、本件所有者に対し仮処分がなされる場合です。買受人はその仮処分の内容を負担しなければなりません。重大な制約を受ける可能性もあります。

買受けの安全度　△または×

| B－15 | この欄に「なし」と記載してあるもの |

裁判所の見解

　その物件について買受人が負担しなければならないとされる他人の権利がないと認められる場合です。

　なお、現実の占有状況は「物件の占有状況等に関する特記事項」欄及びそれに関する説明をご覧ください。

解説

　原則として引渡命令の対象となります。物件明細書作成後の占有者も、差押え後の占有者として引渡命令の対象となります。

買受けの安全度　○

【C 物件の占有状況等に関する特記事項欄について】

（所有権および所有者に準じる者の占有）

インデックスNo.	物件明細書記載事項
「競売ファイル・競売手続説明書」に記載された裁判所の見解	
買受けの安全度	
C－1	本件所有者（又は債務者）が占有している。

裁判所の見解

　売却対象物件の所有者又は実行された抵当権の債務者が占有していることを意味します。

　所有者（又は債務者）が占有している形態には、現実に居住している場合のほか、長期間不在の状態や空き家の状態があります。また、空き家の場合も家財道具などの残置物がある場合と完全な空き家の場合があります。

　いずれの場合も、鍵の受渡しについて、執行裁判所は関与しません。

解説

　所有者（または債務者）が占有しています。引渡命令の対象になります。自己使用が可能です。ただし裁判所は、鍵の引渡しには関与しない点に注意が必要です。

買受けの安全度　◎

C－2	売却対象外の共有持分を有する○○が占有している。

裁判所の見解

　売却対象不動産を複数人が共有しており、今回の競売で対象となっている持分以外の共有持分権者が占有している場合の記載です。このような占有者については、引渡命令が発令されない可能性があります。

解説

　引渡命令は、発令される可能性も、発令されない可能性もあります。

発令されない場合は自己使用不可となります。

買受けの安全度　△または×

C－3	○○が占有している。△△の占有は認められない。

裁判所の見解

　「○○」は裁判所書記官が認定した占有者です。「△△」は、占有の主張をする者や占有の外観を作っているにすぎない者を意味します。執行官の現況調査報告書において占有を主張する者がいたり、占有の外観がうかがわれる場合でも、占有の実態がなかったり、他人の占有に依存した利用状態にすぎないような者についての判断を記載したものです。

解説

　「○○」は引渡命令の対象になりません。

買受けの安全度　△

　「△△」は引渡命令の対象になります。

買受けの安全度　○

C－4	○○が占有している。同人の占有権原の存在は認められない。

裁判所の見解

　他人の不動産を占有するには、通常、所有者との間で何らかの使用できる権利（占有権原）の設定がなされていますが、そのような権原があるとは認められない者が占有している場合の記載です。

解説

　占有者はいますが、占有権原は認められません。引渡命令の対象になります。

買受けの安全度　○

C－5	（株）○○が占有している。同社の代表者は本件所有者（又は債務者）である。

裁判所の見解

法人が占有し、法人の代表者が所有者又は実行された抵当権の債務者である場合の記載です。占有者である法人が、その規模その他の状況を考慮すると執行手続上所有者（又は債務者）と同視できる場合です。

解説

引渡命令の対象になります。

買受けの安全度 ○

| C－6 | ○○が占有している。同人は本件所有者（又は債務者）会社の代表者である。 |

裁判所の見解

法人が不動産を所有していたり、実行された抵当権の債務者である場合、その法人の代表者が占有しているという意味です。占有者が、所有者（又は債務者）会社の代表者という特別な関係にあることから、占有権原を主張することが信義則に反すると認められ、執行手続上所有者と同視できると考えられています。

解説

引渡命令の対象になります。

買受けの安全度 ○

| C－7 | ○○が占有している。同人は実行された抵当権の債務者である。 |

裁判所の見解

売却手続進行中の本件競売事件の債務者ではないものの、後から申し立てられた競売事件（後行事件）の基となった抵当権の債務者（所有者以外の者）が占有しているという意味です。

この場合の債務者は既に実行された抵当権の債務者ですので、占有権原を主張することはできず、所有者と同視できると考えられていま

す。

解説

　引渡命令の対象になります。

買受けの安全度　〇

| C-8 | 〇〇が占有している。同人は実行された抵当権の設定時の所有者であった。 |

裁判所の見解

　競売事件（後行事件を含む。）の基になった抵当権の設定時の所有者が、その後に不動産を他に譲渡したものの、なお現にこれを占有しているという意味です。

　抵当権を自ら設定した者は、他に譲渡したとしても、占有権原を主張して買受人に対し引渡しを拒むことは、著しく信義に反するので、執行手続上所有者と同視できると考えられています。

解説

　引渡命令の対象になります。

買受けの安全度　〇

| C-9 | 〇〇が占有している。同人は実行された抵当権の設定後の所有者であった。 |

裁判所の見解

　競売事件（後行事件を含む。）の基になった抵当権を設定した者から不動産を譲り受け、更にこれを他に譲渡したものの、なお現にこれを占有しているという意味です。

　このような中間所有者は、不動産の所有を続けていれば、所有者としての立場に立つので、執行手続上所有者と同視できると考えられています。

解説

　引渡命令の対象になります。

3点セットによる危険な物件の見分け方 第3編

買受けの安全度	○
C−10	○○が占有している。同人は所有権を主張している。

裁判所の見解

　登記名義上の所有者と異なる者が所有権を主張し、占有している場合です。

　所有権の譲渡を受けて不動産を占有していたものの、その所有権移転登記を経ないうちに、競売事件となった場合や他人名義で不動産を取得した者が自ら占有している場合など事実関係が事案ごとに異なり、所有権について争いが起きる可能性がある場合もありますので、注意が必要です。

　なお、上記のような占有者は、執行手続上は、買受人にその占有を対抗できません。

解説

　基本的に占有者は引渡命令の対象になりますが、注意も必要です。訴訟、調停により、占有者が買受人に対抗できるようになる可能性もあります。

買受けの安全度　△または×

（第三者の占有）

インデックスNo.	物件明細書記載事項
「競売ファイル・競売手続説明書」に記載された裁判所の見解	
買受けの安全度	
C−11	○○が占有している。同人は実行された抵当権以外の債務者である。

裁判所の見解

　賃借権を主張する者が、今回の競売での実行抵当権以外の抵当権の

債務者である場合（所有者である場合を除く。）、その者が債務不履行状態と認められるときは、その賃借権が最先のものであっても、買受人が引き受けるべき賃借権とは認められない場合があります。これはその場合の記載です。

このような場合でも、その者が債務者となった抵当権について競売開始決定がない限り、その占有者に対して引渡命令が発令されない可能性がありますので注意が必要です。

解説

引渡命令の対象にならない可能性があり、注意が必要です。複雑な案件なので、担当書記官に相談したほうがよいでしょう。

買受けの安全度　△または×

C－12	○○が占有している。同人の占有権原は使用借権と認められる。

裁判所の見解

使用借権とは相当の対価を支払わないで借りている場合です。この使用借権は、買受人に対してその権利を主張できず、買受人が引き受けるべき権利とはなりません。

解説

引渡命令の対象になります。

買受けの安全度　○

C－13	本件は、平成8年改正前の民事執行法が適用される事件である。

裁判所の見解

平成8年改正前の民事執行法が適用される競売事件においては、引渡命令の対象が現行法より狭く、占有者の占有権原が、使用借権や買受人に対抗できない賃借権であっても、所有者との正当な契約に基づく限り、引渡命令が発令されない可能性があります。引渡命令が発令

されないときは、任意の明渡しを受けられなければ訴訟等の方法によることになります。

平成8年改正前の民事執行法が適用される競売事件は、平成8年8月31日以前に申し立てられたものです。

解説

所有者との正当な契約に基づく賃借権であれば、引渡命令の対象にならない可能性があります。

買受けの安全度　△または×

| C－14 | ○○が占有している。同人の賃借権は、正常なものとは認められない。 |

裁判所の見解

この記載は、次の（1）又は（2）のいずれかの場合であることを示しています。

（1）抵当権に後れる賃借権が改正前の民法395条の規定により短期賃借権として保護されるのは、利用を目的とし、かつ、実際に利用されている正常な場合に限定されると考えられています。そうでないときは、短期賃借権の外形が認められたとしても、短期賃借権として保護されることはありません。これは法の趣旨が担保権と利用権の調整を図ったものであるからです。この記載は、その保護すべき短期賃借権とは認められないと判断したことを示すものです。

このように判断される主な形態としては以下のようなものが考えられますが、これらに限られるものではありません。

① 本来の利用を目的としない場合

② 債権の保全回収目的である場合

③ 利用の実体がない管理運営目的（単に所有者の代理人的な立場で物件を管理又は賃貸事業を運営するために設定された賃借権）である場合

(注) 平成15年の民法改正（平成16年4月1日施行）により短期賃貸借保護制度は廃止されましたが、法の経過措置により、短期賃貸借保護制度の適用の余地がある占有を前提としたものです。
（2）平成15年改正法が適用される占有においても、この記載がある場合は明渡猶予期間が認められないことを意味します。

解説

引渡命令の対象になります。

買受けの安全度 ○

C－15	○○が占有している。同人の占有（又は賃借権）は差押えに後れる。

裁判所の見解

　この記載は本件競売手続の差押えに後れる占有者がいることを意味します。

　仮にこの記載がされている占有者が賃借権に基づいて占有していても、その占有は本件競売手続の差押えに後れているので、賃借権は売却によって消滅し、買受人がその負担を引き受けることにはなりません。

解説

　占有者が賃借権に基づいて占有していたとしても、この賃借権は売却で消滅します。引渡命令の対象になります。

買受けの安全度 ○

C－16	○○が占有している。同人の占有（又は賃借権）は仮差押えに後れる。

裁判所の見解

　本件競売手続の差押え前の仮差押えに後れる占有者がいることを意味します。

　仮にこの占有者が賃借権に基づいて占有していたとしても、仮差押

えに後れているので、賃借権は売却によって消滅し、買受人がその負担を引き受けることにはなりません。

ただし、売却までに仮差押えが効力を失ったときは、買受人がその賃借権を引き受けることもあり得ますので注意してください。

解説

引渡命令の対象になります。ただし、売却までに仮差押えが効力を失ったときは、買受人が賃借権を引き受ける可能性もあります。

買受けの安全度　○

| C-17 | ○○が占有している。同人の占有（又は賃借権）は滞納処分による差押えに後れる。 |

裁判所の見解

本件競売手続の差押え前の滞納処分による差押え（租税官庁の差押え）に後れる占有者がいることを意味します。

仮にこの占有者が賃借権に基づいて占有していたとしても、滞納処分による差押えに後れているので、賃借権は売却によって消滅し、買受人がその負担を引き受けることにはなりません。

ただし、売却までに滞納処分が効力を失ったときは、買受人がその賃借権を引き受けることもあり得ますので注意してください。

解説

引渡命令の対象になります。ただし、売却までに滞納処分が効力を失ったときは、買受人が賃借権を引き受ける可能性もあります。

買受けの安全度　○

| C-18 | ○○が占有している。同人の賃借権は、抵当権に後れる。ただし、代金納付日から6か月間明渡しが猶予される。 |

裁判所の見解

占有者の賃借権に基づく建物の占有が、最先順位抵当権より後れる

ため、賃借権は売却によって消滅し、買受人がその負担を引き受けることにはなりませんが、法の規定により、買受人が代金を納付した日から６か月間買受人に対する物件の明渡しが猶予されることになります。この明渡猶予期間経過後でなければ引渡命令に基づく強制執行をすることはできません。

　ただし、買受人が建物を買い受けた後に、同建物の使用の対価の１か月分以上の支払を相当の期間を定めて占有者に催告したにもかかわらず、その支払がなかった場合には、占有者は、明渡しの猶予を受けることができなくなります。

（注）平成15年の民法改正（平成16年４月１日施行）により短期賃貸借保護制度が廃止され、明渡猶予制度が適用される占有についての記載です。

解説

　当該占有者の賃借権は売却によって消滅します。買受人は負担を引き受ける必要はありません。ただし買受人が代金を納付した日から６カ月間は、物件の明渡しが猶予されます。引渡命令の申立て期限は、明渡し猶予の占有者がいる場合は、代金納付の日から９カ月以内となります。注意が必要です。

買受けの安全度　○

| C-19 | ○○が占有している。同人の賃借権の存否（占有権原の存否、占有権原の種別）は不明であるが、代金納付日から６か月間明渡しが猶予される賃借権が存在するものとして売却基準価額が定められている。 |

裁判所の見解

　現況調査や執行裁判所による審尋等の結果によっても、賃借権の有無が分からない場合や占有権原が特定できない場合があります。

左記の記載は、その賃借権に明渡猶予が認められることは確定していませんが、占有者が賃借権の存在を証明すると明渡猶予が認められることとなるため、買受人がその不利益を被ることのないように売却基準価額が定められたことを表しています。

　左記の記載がある場合の引渡命令の申立てについては、引渡命令の詳細説明3①も参考にしてください。

解説

　占有者は引渡命令の対象となります。引渡命令の申立て期限は、9カ月とは限らない点に注意が必要です。担当書記官に確認したほうがよいでしょう。

買受けの安全度　△

| C-20 | ○○が占有している。同人の賃借権は、差押え（仮差押え・滞納処分による差押え）後に期限が経過している。 |

裁判所の見解

　この場合、仮差押え又は滞納処分による差押えは差押え前のもので、差押えは本件競売手続の差押えのことです。

　差押え・仮差押え・滞納処分による差押え後に期限が経過した短期賃借権は、それ以降の更新は買受人に対して主張することができないと考えられています。したがって、買受人がその負担を引き受けることにはなりません。

　ただし、売却までに仮差押え又は滞納処分による差押えが効力を失ったときは、その賃借権の期限経過が差押え前である限り、賃借期間の更新を買受人に主張できることになり、買受人がその短期賃借権を負担として引き受けることもあり得ますので注意してください。

（注）平成15年の民法改正（平成16年4月1日施行）により短期賃貸借保護制度は廃止されましたが、法の経過措置により、なお

短期賃借権の適用の余地がある占有を前提としたものです。

解説

占有者は引渡命令の対象となります。ただし売却までに仮差押え、および滞納処分が効力を失い、賃借権の期限経過が差押え前であれば、買受人が賃借権を引き受けることもあるので、注意が必要です。

買受けの安全度 ○または△

| C−21 | ○○が占有している。同人の賃借権は、平成○年○月○日の経過により、差押え後に期限が経過するものである。 |

裁判所の見解

物件明細書作成時において、短期賃借権の期限経過が間近に迫っている場合の記載例です。この記載がある場合、通常、売却までに期限が経過し、その賃借権を買受人が負担として引き受けることはありません。

（注）平成15年の民法改正（平成16年4月1日施行）により短期賃貸借保護制度は廃止されましたが、法の経過措置により、なお短期賃借権の適用の余地がある占有を前提としたものです。

解説

引渡命令の対象になります。

買受けの安全度 ○

| C−22 | ○○が占有している。同人の賃借権は、所有権移転の仮登記担保権に後れている。（ただし、代金納付日から6か月間明渡しが猶予される。） |

裁判所の見解

所有権移転仮登記が担保仮登記である場合、その権利は売却により消滅し、これに後れる賃借権も買受人に対抗できません。仮登記担保権に後れる賃借権には短期賃貸借保護制度の適用はありません。

ただし、売却までに仮登記担保権が効力を失ったときは、その賃借権を買受人に主張できる場合があり、買受人がその賃借権を負担として引き受けることもあり得ますので注意してください。
　（　）内の記載がある場合には明渡猶予制度が適用されます。明渡猶予についてはC－18をご覧ください。

解説
　占有者は引渡命令の対象となります。ただし売却までに仮登記担保権が効力を失った場合、買受人が賃借権を引き受けることもあります。これらの判断は微妙なので、担当書記官に確認したほうがよいでしょう。

買受けの安全度　△

| C－23 | ○○が占有している。同人の賃借権は抵当権に後れる。 |

裁判所の見解
　左記の記載は、抵当権の後に設定された土地に対する賃借権を買受人が負担しないことを表しています。

解説
　引渡命令の対象になります。

買受けの安全度　○

| C－24 | ○○が占有している。同人の賃借権は、一時使用を目的とするものと認められる。 |

裁判所の見解
　一時使用目的の建物の賃貸借には、借地借家法が適用されず、登記以外の対抗要件（買受人などの第三者に権利を主張できるための要件）はありません。本記載は、賃借権登記もなく、一時使用目的としているため、買受人が負担として引き受ける賃借権には該当しないということです。

解説

　一時使用目的の建物賃貸借には、借地借家法の適用がありません。引渡命令の対象になります。

買受けの安全度　○

C-25	○○が占有している。同人の賃借権は、対抗要件を有していない。

裁判所の見解

　借地人が、土地賃借権を土地の買受人に主張するためには、その賃借権につき、通常であれば次のような対抗要件を備えておく必要があります。

①　建物所有を目的としない賃借権であるときは、その登記

②　建物所有を目的とする賃借権であるときは、その登記又は借地人が登記されている建物を所有していること。

　左記の記載は、借地人が上記のような対抗要件を備えていないために、買受人が土地賃借権を負担として引き受けることにならないことを示しています。

解説

　引渡命令の対象になります。

買受けの安全度　○

C-26	駐車場として使用されている。使用者（ら）の占有権原は買受人に対抗できない。

裁判所の見解

　売却対象土地が駐車場として使用されており、かつ、使用者（ら）の占有権原が買受人の引き受ける権利とならない場合の記載です。

解説

　引渡命令の対象になります。

買受けの安全度　○

| C−27 | 転借人（又は転使用借人）○○が占有している。 |

裁判所の見解

　もとの賃借権自体が、買受人が負担として引き受けることにならない場合で、その賃借権者（転貸人）から更に賃借している人（転借人）又は無償で借りている人（転使用借人）が占有している場合です。この場合、買受人は転貸借（転使用貸借）による負担を引き受けることにはなりません。

　通常は、左記の記載に引き続き、もとの賃借権が買受人の負担として引き受けることにはならないと判断した理由を簡潔に記載してあります。

解説

　引渡命令の対象になります。

買受けの安全度　○

| C−28 | 売却対象外建物（家屋番号○番）が本件土地上に存在する。 |

裁判所の見解

　売却対象土地の上に売却対象外建物がありますが、借地権や法定地上権などの買受人に対抗できる敷地利用権は認められないという意味です。買受人は、地主として土地使用の承諾をしない限り、建物所有者に建物の収去（取壊し）を求めることができます。任意の収去に応じてもらえないときは、建物収去土地明渡しの訴訟を提起して判決等を得た上、強制執行をする方法があります。

　なお、土地に対する引渡命令に基づいて建物収去の執行をすることはできません。

　通常は、左記の記載の直前に、敷地利用権が買受人の負担として引き受けることにはならないと判断した理由を簡潔に記載してあります。

解説

　引渡命令の対象になります。ただし、建物所有者が収去の求めに応じない場合は、訴訟のうえ、強制執行する必要があります。

買受けの安全度　　○または△

| C-29 | 占有者は不明である。占有者の占有権原は買受人に対抗できない。 |

裁判所の見解

　一定の調査を尽くしても、占有者が、所有者や実行抵当権の債務者なのか、あるいはそれ以外の第三者なのかが不明であり、その占有権原も買受人が引き受ける可能性のある賃借権かどうかも不明な場合で、次の理由により、買受人の負担として引き受ける権利とは認められない場合の記載です。

　仮に第三者が賃借権に基づき占有していたとしても、その占有の開始時期が差押えの後であることが判明していたり、あるいは正常な賃借権とは認められない（C-14参照）場合は、その占有権原は買受人の引き受ける権利とはなりません。

　また、所有者や実行抵当権の債務者が占有しているのであれば、当然にその占有権原は買受人の引き受ける権利とはなりません。

解説

　引渡命令の対象になります。

買受けの安全度　　○

| C-30 | 氏名不詳者が占有している。同人の占有は差押えに後れる。 |

裁判所の見解

　所有者や実行抵当権の債務者以外の第三者が占有していることは判明しているが、その氏名等が特定できず、その占有権原も判然としない場合ですが、その占有の開始時期が差押えの後であることが判明し

ているため、買受人が負担として引き受ける権利とはならない場合の記載です。

解説

引渡命令の対象になります。

買受けの安全度 ○

| C-31 | 氏名不詳者が占有している。同人の占有権原は買受人に対抗できない。 |

裁判所の見解

所有者や実行抵当権の債務者以外の第三者が占有していることは判明しているが、その氏名等が特定できず、その占有権原も判然としない場合ですが、その占有権原が仮に買受人が引き受ける可能性のある賃借権であったとしても、正常な賃借権とは認められず（C-14参照）、買受人が負担として引き受ける権利とはならない場合の記載です。

解説

引渡命令の対象になります。

買受けの安全度 ○

| C-32 | ○○が占有している。同人が留置権を主張するが認められない。 |

裁判所の見解

売却対象物件に対して留置権（B-12参照）を主張して占有する者がいますが、法律上留置権の発生は認められないと認定した場合の記載です。

なお、左記の記載に加えて占有の形態と留置権の主張を簡潔に記載している場合もあります。

解説

引渡命令の対象になります。

買受けの安全度 ○

| C－33 | ○○が占有している。同人は外交特権を有している可能性がある。 |

裁判所の見解

　ウィーン条約により、外国の外交官等には外交特権が認められ、日本国の裁判権が及ばない可能性があるため、引渡命令が発令されない可能性があります。

解説

　占有者が外交特権を有している可能性がある場合の記載です。引渡命令の対象とはなりません。自己使用不可、転売不可。

買受けの安全度　　△または×

| C－34 | ○○が占有している。農地法３条の許可を受けていない。 |

裁判所の見解

　農地又は採草放牧地に賃借権又は使用借権を設定するには、農地法３条に定める農業委員会又は知事等の許可を必要とし、その許可がなければ仮に賃借権であっても執行手続上効力を生じません。効力が生じていない権利は、買受人が負担として引き受けることにはなりません。

　なお、農地の入札方法については、通常の入札方法と異なりますので、「農地売却の詳細説明」を必ずご覧ください。

解説

　引渡命令の対象になります。

買受けの安全度　　○

| C－35 | ○○が占有している。同人の賃借権は、抵当権に後れる。農地法３条の許可を受けている。 |

裁判所の見解

　農地又は採草放牧地に賃借権を設定するには、農地法３条に定める

農業委員会又は知事等の許可を必要としますが、その許可があっても、左記の記載がある場合は、賃借権が抵当権に後れるため、買受人がこの賃借権を負担として引き受けることにはなりません。

　なお、この場合、農業委員会の取扱いによっては、買受適格証明書の交付が占有者等に制限され、その取得ができない場合がありますので、あらかじめ管轄する農業委員会に確認してください。

　また、農地の入札方法については、通常の入札方法と異なりますので、「農地売却の詳細説明」を必ずご覧ください。

解説

　農地法３条の許可を受けていても、賃借権は抵当権に後れるため、買受人がこの賃借権を引き受ける必要はありません。引渡命令の対象になります。

買受けの安全度　　○

C－36	○○が占有している。同人の占有権原は使用借権と認められる。農地法３条の許可を受けている。

裁判所の見解

　使用借権とは相当の対価を支払わないで借りている場合です。農地又は採草放牧地に使用借権を設定するには、農地法３条に定める農業委員会又は知事等の許可を必要としますが、その許可があっても、買受人がそれを負担として引き受けることにはなりません。

　なお、この場合、農業委員会の取扱いによっては、買受適格証明書の交付が占有者等に制限され、その取得ができない場合がありますので、あらかじめ管轄する農業委員会に確認してください。

　また、農地の入札方法については、通常の入札方法と異なりますので、「農地売却の詳細説明」を必ずご覧ください。

解説

　引渡命令の対象になります。

買受けの安全度	○
C-37	○○が占有している。同人の賃借権は差押えに後れる。農地法3条の許可を受けている。

裁判所の見解

　農地又は採草放牧地に賃借権を設定するには、農地法3条に定める農業委員会又は知事等の許可を必要としますが、その許可があっても、賃借権が差押えに後れると判断される場合には、買受人がそれを負担として引き受けることにはなりません。

　なお、この場合、農業委員会の取扱いによっては、買受適格証明書の交付が占有者等に制限され、その取得ができない場合がありますので、あらかじめ管轄する農業委員会に確認してください。

　また、農地の入札方法については、通常の入札方法と異なりますので、「農地売却の詳細説明」を必ずご覧ください。

解説

　引渡命令の対象になります。

買受けの安全度　　○または△

【D　その他買受けの参考となる事項欄について】

（土地・建物に関する事項）

インデックスNo.	物件明細書記載事項
「競売ファイル・競売手続説明書」に記載された裁判所の見解	
買受けの安全度	
D－1	隣地（地番○番）との境界が不明確である。

裁判所の見解

　このような場合は、買受人としては、隣地所有者と境界確認のための協議が必要となるでしょうし、協議が調わなければ境界確定又は所有権の範囲確認の訴訟又は調停などが必要となるでしょう。その結果、売却対象土地の地積が物件目録記載の地積よりも少なくなる可能性があります。この点については、執行裁判所が売却基準価額を定める際に考慮されています。

　もっとも、不明確の程度がそれほど大きくない場合は、物件明細書にこのような記載をせずに、また、売却基準価額においても特段の考慮をせずに売却する場合もあります。

解説

　この記載がある場合、売却対象土地の地積が物件目録記載よりも少なくなる可能性があります。売却基準価額はこの点を考慮して定められています。

買受けの安全度　△

D－2	隣地（地番○番）との間で境界確定の訴訟（当庁平成○年（ワ）第○号）が提起されている。

裁判所の見解

　隣地との境界について、本件所有者と隣地所有者との間で訴訟が提起されている旨の記載です。訴訟の進行状況を確認したい場合は、訴訟をしている裁判所の担当部におたずねください。

買受人が代金を納付し、所有権移転を受けた時点で訴訟が係属中であるときは、民事訴訟法の規定により本件所有者に替わり原告又は被告の地位を引き継ぐことがあります。

解説

隣地との境界について訴訟が提起されている場合の記載です。この場合は訴訟をしている裁判所の担当部に問い合わせたほうがよいでしょう。買受けには注意が必要です。

買受けの安全度　△または×

D－3	地籍図上筆界未定である。

裁判所の見解

地籍図とは、国土調査法による地籍調査の成果図で、その写しが登記所に備え付けられます。地籍調査における現地調査の実施前から、当事者間で境界について争いがあるもの又は境界標示杭の設置について土地所有者間の意見が調わない場合、その他土地所有者等の確認がない場合には、筆界未定として扱われます。

このような場合でも争いの範囲が比較的狭い場合は、筆界未定を前提として執行裁判所が売却基準価額を定めて売却する場合があります。

買受人としては、境界不明確の場合（D－1）と同様の負担があると思われます。

解説

物件目録記載の地籍よりも少なくなる可能性があるので、買受けには注意が必要です。

買受けの安全度　△

D－4	本件土地（の一部）は通路（私道）として利用されている。

裁判所の見解

売却対象土地の全部又は一部が不特定多数の人により通路（私道）

として利用されているという意味です。このように記載されるのは建築基準法上の道路とは認められない場合です。建築基準法上の道路と認められる場合は、物件目録に「（現況）公衆用道路」などと記載されます。

複数の人達により通路（私道）として利用されている状況があると、これらの通路等を廃止するのは事実上困難を伴うでしょう。

解説

複数の人たちにより通路として利用されている状況があると、廃止するのは困難です。

買受けの安全度　×

D－5	売却対象外の土地（地番○番）を通行のため（無償で）利用している。

裁判所の見解

売却対象土地が無道路地などで、通行のために売却対象外の土地を利用していることを意味します。今後、土地を利用していく上で、売却対象外土地に依存しなければならず、買受人は、同土地の所有者との利用関係を維持する必要があります。公道に至るための他の土地の通行権が認められる場合に限らず、通行の事実がある場合一般の記載です。

解説

いろいろと問題がある土地です。買受けには適しません。

買受けの安全度　×

D－6	本件土地（の一部）は、売却対象外の土地（地番○番）への通行のため（無償で）利用されている。

裁判所の見解

売却対象土地を特定人が通行しているという意味です。例えば奥にある無道路地に居宅を有する人が、公道との出入りのため土地を通行

しているような場合です。

　このような場合、公道に至るための他の土地の通行権が認められて買受人は法律上通行を受忍しなければならないこともありますが、そこまで至らないときでも通行を制約することは事実上困難を伴うでしょう。

解説

　買受人は、法律上、通行を受忍しなければならないこともあります。買受けには注意が必要です。

買受けの安全度　　△

| D－7 | 売却基準価額は、温泉権を含めて定められている。 |

裁判所の見解

　温泉権を不動産の従たる権利と認めたので、執行裁判所が売却基準価額を定めるについては温泉権の価値も考慮したという意味です。この場合、温泉権は上記不動産と一体として競売の対象となると考えられます。

　執行裁判所としては、温泉権は不動産と共に買受人が取得することを前提として売却基準価額を定めていますが、その権利の帰属（権利が誰にあるか。）が争われた場合には、最終的には訴訟によりその権利関係が決まることになります。

解説

　温泉権の帰属の問題があります。買受けには注意が必要です。

買受けの安全度　　○または△

D－8	土地区画整理で清算金の徴収が予定されている。
	土地改良事業で清算金（又は賦課金）の徴収が予定されている。
	○○事業で賦課金の滞納あり。
	マンション建替事業で清算金の徴収が予定されて

	いる。

裁判所の見解

買受人は、本件土地の代金を納付するほかに、土地区画整理の事業主体から清算金の請求を受けることがあります。清算金は換地処分の公告があった日の翌日において確定します。詳しくは事業主体にお尋ねください。

買受人は、本件土地の代金を納付するほかに、土地改良の事業主体から清算金（又は賦課金）の請求を受けることがあります。清算金は換地処分の公告があった日の翌日において確定します。詳しくは事業主体にお尋ねください。

土地区画整理法、土地改良法その他の法律に基づき土地の換地処分が行われる際に、事業主体は事業の必要経費に充てるため、対象土地の所有者に賦課金の徴収をすることがあります。この場合、所有者が賦課金の支払を滞納していると、その土地を競売により取得した買受人も承継人として支払義務を負うことになり、事業主体から所有者が滞納した賦課金の徴収を受ける可能性がありますので、そのことを知っていただくための記載です。滞納額は時の経過により増減します。

マンション建替事業により、再建マンションの区分所有権又は敷地利用権の価額と、従前有していた区分所有権又は敷地利用権の価額に差額があるときは、施行者は、その差額を清算金として所有者から徴収し、又は交付することになっており、これらの権利義務は、清算未了中に競売等により所有権の移転があると新所有者（買受人）に承継されます。

その清算金の徴収が予定されている場合の記載です。

解説

買受人には、清算金の支払義務があります。

買受けの安全度　○

解説

買受人には、清算金の支払義務があります。

買受けの安全度 ○

解説

所有者が支払いを滞納している場合、買受人には、承継人として割賦金の支払義務があります。

買受けの安全度 ○

解説

買受人には、清算金の支払義務があります。

買受けの安全度 ○

D-9	本件土地上に現存しない建物（家屋番号○番）の登記が存在する。

裁判所の見解

売却対象の土地を所在地番とする建物の表示登記がありますが、その建物は現存しないという意味です。

現存しない建物でも、土地上に表示登記が残っていると、新建物の表示登記をする際に旧建物の滅失登記をしないと新建物の表示登記の申請ができないなどの影響が考えられます。

解説

建物が現存しなくても、表示登記が残っている場合、新建物の表示登記ができません。買受けには注意が必要です。

買受けの安全度 ○

D-10	管理費等の滞納あり。 売却基準価額は、滞納管理費等の額を考慮して定められている。

裁判所の見解

物件がマンションの場合、管理費や修繕積立金、駐車場代、管理組

合が立て替えている地代などの滞納があると、区分所有法の規定により、買受人がその滞納金の請求を管理組合等から受けることがあるので、滞納があることを知っていただくための記載です。現況調査報告書又は評価書に記載されている滞納額は調査時のものですので、時間の経過により増減します。

なお、滞納管理費等は、必要に応じて評価の過程で考慮されることがあります。

滞納管理費等の意味は、上記のとおりですが、滞納管理費等が売却基準価額に反映される場合、執行裁判所によっては、評価の過程では考慮されず、執行裁判所において滞納管理費等を考慮した一定額を評価額から控除して売却基準価額を定める取扱いもあります。

この場合は、売却基準価額と評価額が異なることになるため、このような記載がなされます。

解説

買受人には、管理費等の支払義務があります。現実の滞納額は、時間の経過にともない増減するので注意が必要です。

買受けの安全度　○

| D－11 | 本件建物と売却対象外建物（家屋番号○番）の隔壁が取り除かれ、両建物が一体として利用されている。 |

裁判所の見解

買受人は、売却対象外建物の所有者と、建物の利用や登記について、協議あるいは訴訟等が必要となることが予想されます。

解説

建物に問題があります。注意が必要です。

買受けの安全度　△または×

| D－12 | 本件建物のために、その敷地（地番○番（の一部）、 |

	所有者○○）につき使用借権が存する。買受人は、敷地利用権の設定を要する。

裁判所の見解

本件建物についての敷地利用権が土地の使用借権（無償で借りている権利）であることを意味し、敷地利用権を買受人が引き継ぐことはできず、建物を維持するためには、地主との間で新たな敷地利用権（賃借権など）の設定をしなければなりません。敷地利用権の設定を受けられないときは建物の収去（取壊し）を求められる場合もありますので、買受けを検討するときは、十分注意してください（土地賃借権の場合と異なり地主の承諾に代わる裁判を取得する方法はありません。）。

解説

使用借権付建物なので、買受物件としては不適格です。

買受けの安全度　×

D-13	本件建物のために、その敷地（地番○番、地積○平方メートル（の一部）、所有者○○）につき借地権（賃借権）が存する。買受人は、地主の承諾又は裁判等を要する。

裁判所の見解

敷地利用権が土地賃借権（地代を払って借りている権利）であることを意味し、対象土地、土地所有者（地主）名が括弧書きで記載されます。契約内容の詳細はここでは記載されません。

借地契約を買受人が引き継ぐには、地主の承諾を得なければなりません（その際、承諾の条件として金銭の支払が必要となる可能性もあります。）。

地主が承諾しないときは、代金納付から2か月以内に借地の所在地を管轄する地方裁判所に対し借地借家法20条により「土地賃借権譲

渡許可」の申立てをして、「承諾に代わる譲渡許可の裁判」を取得する方法があります。あるいは、借地の所在地を管轄する簡易裁判所に対して、地主の承諾を求める宅地建物調停を申し立てる方法もあります。この場合は前記の期間内に調停の申立てをしておけば、仮に調停が不成立に終わっても、その不成立の日から２週間以内に「土地賃借権譲渡許可」の申立てをすることにより適法な期間内に申立てがあったものとみなされます。

解説

敷地利用権が土地賃借権の場合、買受けにあたり地主の承諾が必要です。地代も必要になります。

買受けの安全度　○

D－14	本件区分所有建物を含む１棟の建物のために、その敷地（地番○番、地積○平方メートル（の一部）、所有者○○（、借地人○○））につき（転）借地権（賃借権・地上権）が存する。ただし、本件区分所有建物につき、上記（転）借地権（賃借権・地上権）は他の区分所有者と準共有である。

裁判所の見解

物件がマンション等の場合において、敷地利用権が所有権の共有ではなく、借地権（地上権、賃借権）又は転借地権の共有（準共有）であることを意味します。

一般的な所有権の共有マンションと異なり、敷地利用権の設定について、区分所有者と地主（借地権者）との間に借地権設定契約等が存在します。

当該借地権が賃借権の場合、それを引き継ぐためには、原則として、地主の（転借地権の場合は借地権（賃借権）者からも）承諾が必要ですが、その手続の詳細については地主等に確認を要します（その際、

承諾の条件として金銭の支払が必要となる場合もあります。また、地主等が承諾しないときには上記（D－13）と同様に承諾に代わる譲渡許可の裁判が必要となります。）。

　管理費等の他に別途地主（借地権者）に対して地代の支払が必要となります。

解説

　借地権付区分所有建物です。地主の承諾が必要です。地代も必要になります。

買受けの安全度　　△

| D－15 | 本件建物のために、その敷地（地番〇番、地積〇平方メートル（の一部）、所有者〇〇）につき借地権（賃借権）が存する。上記借地権は土地の平成〇年〇月〇日付け抵当権設定登記に後れる。 |

裁判所の見解

　本件建物の敷地利用権として、表示された借地権は、土地の抵当権の登記より後れるため、もし敷地が競売になると、敷地の買受人から、建物の収去（取壊し）を求められることがある不安定な権利であることを意味します。

解説

　敷地利用権が不安定で、買受けには適しません。ただし売却基準価額は、相応に低い価額となっています。

買受けの安全度　　△または×

| D－16 | 上記借地権につき争いあり。 |

裁判所の見解

　売却対象建物の存立の基礎となる直前に表示された借地権（「本件建物のために、その敷地（地番〇番、地積〇平方メートル（の一部）、所有者〇〇）につき借地権（賃借権）が存する。」との記載（D－14、

D−15参照))について、地主等と争いがあり、その争いがどの段階のものかが記載されています。ただし、売却手続が進行する時間的推移の中で、ここに記載された次の段階に争いの程度が進んでいる場合もありますので注意してください。

これらの争いがあるときは、争いの段階に応じて地主との交渉はかなり困難が予想されます。また、買受け後に「土地賃借権譲渡許可」の裁判の申立てをしても、認められない可能性もあります。

まして、建物収去土地明渡訴訟の原告勝訴判決が確定している場合は、建物の買受人は、建物を収去(取壊し)して地主に土地を明け渡す法的義務を引き継ぎます(判決の効力が及びます。)ので、いつでも強制執行を受ける立場となります。そのような場合は、地主との間で新たな借地権を設定しない限り、建物を利用することは困難となります(ただ、このような建物でも、現に存在する限り、地主との交渉の余地はあるので、売却の対象にはなります。)。

買受けを検討するときは、以上の点に十分に注意してください。

解説

敷地利用権が不安定です。

買受けの安全度　△または×

| **D−17** | 上記借地権につき、地主から賃貸借契約解除の意思表示あり。 |

裁判所の見解

　D−16参照

解説

　地主との交渉は困難だと思われます。基本的に買受けには適しません。ただし売却基準価額は低額なので、地主との交渉次第で検討の余地もあります。

買受けの安全度　×または△

D-18	上記借地に関連して、建物収去・土地明渡訴訟が係属中（○○地方裁判所平成○年（ワ）第○号）である。
裁判所の見解	
D-16参照	
解説	
訴訟の経過次第で、地主との交渉の可能性がある場合もあります。	
買受けの安全度　×または△	
D-19	本件建物の敷地に関連して、建物収去・土地明渡訴訟における原告勝訴判決が確定している。
裁判所の見解	
D-16参照	
解説	
建物の買受人は、建物を取り壊して地主に土地を明け渡さなければなりません。地主と新しい借地権契約を結ぶのは困難です。	
買受けの安全度　×	
D-20	本件建物のために、その敷地（地番○番、地積○平方メートル（の一部）、所有者○○）につき借地権（賃借権）が存する。本件建物所有者と借地名義人は異なる。
裁判所の見解	
裁判所書記官としては、一応借地権があるものと判断していますが、名義が異なる関係で、借地権について争いになる可能性があります。	
解説	
敷地利用権が不安定です。	
買受けの安全度　△または×	

D−21	本件建物につき、その敷地利用権はない。

裁判所の見解

　売却対象が建物のみの場合で、建物存立の基礎となる敷地利用権がない場合の記載です。買受人は地主との間で新たな借地権を設定しない限り、地主から建物の収去（取壊し）を求められることになります。
　買受けを検討するときは、十分に注意してください。

解説

　基本的に買受けには適しません。ただし売却基準価額は低額のため、地主との間に賃借権が設定できるのであれば、検討の余地はあります。

買受けの安全度　×または△

D−22	売却基準価額は敷地利用権が不明であることを考慮して定められている。

裁判所の見解

　売却対象が建物のみの場合で、建物存立の基礎となる敷地利用権があるかないかが不明であり、執行裁判所は、そのことを考慮して売却基準価額を定めたという意味です。敷地利用権がないときは上記のようなリスクがありますので、買受けを検討するときは、十分に注意してください。

解説

　敷地利用権が不安定です。ただし売却基準価額は低額のため、リスク解消の可能性次第で検討の余地があります。

買受けの安全度　×または△

D−23	地代の滞納あり。

裁判所の見解

　地代の滞納は、借地契約の解除事由となるので、その注意のために記載するものです。滞納額は時間の経過により、増加又は減少します。

解説

買受けにあたって、滞納額を考慮する必要があります。

買受けの安全度　△または×

D－24	地代代払の許可あり。

裁判所の見解

　地代の滞納はあるが、債権者が執行裁判所に地代代払許可を申請し認められたことを意味します。この決定により債権者が地代を建物所有者に代わって支払うことができ、現実に支払っていれば、地代滞納を理由とする借地契約解除の心配はなくなります。しかし、地代代払許可は債権者に所有者に代わって地代を支払うことを認めただけであり、債権者の代払を強制するものではありませんので、債権者が支払わなかったり、支払が不完全な場合（債権者の代払状況は債権者又は地主に確認しないと分かりません。）は借地契約を解除される可能性もありますし、地代不払以外の理由による借地契約解除の可能性も否定できません。また、地主が地代代払を無視して借地契約解除の手続を進めることもあり得ます。その場合は後日の裁判で借地契約解除の有効性を争う余地もあります。

解説

買受けにあたって、滞納額を考慮する必要があります。

買受けの安全度　△または×

(その他の事項)

インデックスNo.	物件明細書記載事項
「競売ファイル・競売手続説明書」に記載された裁判所の見解	
買受けの安全度	
D－25	買戻特約登記は、本執行手続では抹消しない。
	ただし、買戻権者から、買戻権の行使をせず、買戻特約登記の抹消登記手続について買受人に協力する旨の申出がある。

裁判所の見解

　最先順位の買戻特約登記があり、裁判所書記官の嘱託ではその登記を抹消することができません。

　買戻特約登記を抹消するには、登記名義人と共同で登記申請することになりますので、買受人から買戻権者に協力を求めることになります。

　買戻権者から、買戻権を行使しない（又は行使しなかった）旨及び買戻特約登記の抹消登記手続について買受人に協力する旨の申出があることが、事件記録上顕れているときは、左記のように記載されます。

解説

　買戻しの特約の抹消手続きに問題があります。

買受けの安全度　△

解説

　買戻しの特約の抹消手続きに問題はありません。

買受けの安全度　○

D－26	質権の登記は、本執行手続では抹消しない。

裁判所の見解

　存続期間が満了しており、買受人が引き受ける権利とは認められませんが、登記は最先順位のため、裁判所書記官の嘱託では登記を抹消

できないことを意味します。登記を抹消するには、登記名義人と共同で申請するか、訴訟によるしかありません。

解説

　質権の特約の抹消手続きに問題があります。

買受けの安全度　△

| D－27 | 処分禁止の仮処分の登記がある。 |

裁判所の見解

　対抗関係に立つ仮処分の登記は、最先の登記より後順位であれば、代金納付時における裁判所書記官の嘱託により、抹消されますが、買受人は抹消された仮処分の債権者であった者から所有権の帰属をめぐって訴えられる可能性を否定できません。

　この記載があるときは、上記の趣旨を踏まえ、弁護士に相談するなど十分に調査をして慎重に判断してください。

解説

　買受人は、所有権の帰属をめぐって訴えられる可能性があります。

買受けの安全度　△

| D－28 | 執行官保管の仮処分（○○地方裁判所平成○年（ヨ）第○○号）がある。 |

裁判所の見解

　所有者が競売不動産の占有者に対する明渡請求権を保全するため、執行官保管の仮処分がなされている場合です。この場合保全債権者は所有者であり、買受人が保全債権者の地位を引き継ぐことになります。所有者と占有者との間で争いのある場合なので、よく調査をして判断したほうがよいでしょう。

解説

　所有者と占有者との間に争いがあります。買受けには注意が必要です。

買受けの安全度　△または×

D－29	売却のための保全処分（○○地方裁判所平成○年（ヲ）第○○号）として○○命令が発令されている。
	上記命令は、平成15年改正前の民事執行法が適用される事件である。

裁判所の見解

民事執行法上の保全処分として、執行裁判所が、所有者等に対し、目的不動産に関する一定の行為を命令又は禁止する等の命令を発していることを示しています。

なお、占有移転禁止命令の場合、物件の買受人は、保全処分の相手方に対する引渡命令が発せられたときは、現在の不動産の占有者（保全処分の発令を知って当該不動産を占有した者や当該決定の執行後に当該執行がされたことを知らないで相手方の占有を承継した者）に対する承継執行文の付与を受けることにより、その占有者に対し不動産の引渡しの強制執行をすることができます。

占有移転禁止命令の場合で、かつ、左記の記載がある物件について、代金納付後も同様の保全措置を必要とする場合は、最高価買受申出人又は買受人は、民事執行法77条に基づき別途保全処分の申立てをする必要があります。

解説

買受人は、占有者に対して不動産の引渡しの強制執行をすることができます。

買受けの安全度 △

解説

買受人は、民事執行法77条に基づき別途保全処分の申立てをする必要があります。

買受けの安全度 △

| D－30 | ○○（地役権等の目的、例えば「電柱設置」等）のための地役権（又は地上権）設定登記がある。 |

裁判所の見解

　最先順位の登記ではないため、執行手続上は代金納付の際の裁判所書記官の嘱託により抹消されることになる地役権又は地上権の登記がある場合の記載ですが、公共目的であるため、事実上買受人がその負担を回避することが難しく、実質上は買受人の負担となる可能性が高いため、注意喚起として記載してあります。

　執行手続上買受人が引き受けることとなる地役権又は地上権は、「買受人が負担することとなる他人の権利」欄に記載されます。

　「地役権」、「地上権」の意味は「B－11」、「B－10」をご覧ください。

解説

　公共目的のため、事実上買受人の負担になる可能性があります。買受けには注意が必要です。

買受けの安全度　△

| D－31 | 地番○番を承役地とする地役権設定登記がある。 |

裁判所の見解

　本件土地を要役地、売却対象外の土地を承役地とする地役権設定登記が本件土地の登記記録にあるという意味です。買受人は要役地を取得するのですから、利益であるとも言えますが、本件土地を利用する上で他の土地と関係を持っていかなければならないことにもなります。

　「地役権」、「要役地」、「承役地」の意味は「B－11」をご覧ください。

解説

　ほかの土地と関係を持たなければなりません。買受けには注意が必要です。

買受けの安全度　△

| D−32 | 本件建物（土地）は共有持分についての売却であり、買受人は、当該物件を当然に使用収益できるとは限らない。 |

裁判所の見解

建物（土地）の共有持分を競売により取得したとしても、建物（土地）の完全な支配権を得たものではないので、建物（土地）からの占有者の排除やその利用（共有者の誰に使用させるか又は誰かに賃貸するかなど）については、他の共有者と協議して決めなければなりません。

また、他の共有者が占有している場合又は共有者の一部から使用を許されている者が占有している場合に、それらの占有者には引渡命令が発令されない可能性があります。

その意味で、買受人は当然に使用収益できるとは限らないということになります。よって、共有持分の買受けを検討されるときは、以上のことを考慮してください。

解説

買受けには、引渡命令の対象とならないリスクと、売却基準価額を考慮して判断する必要があります。

買受けの安全度　△または×

| D−33 | ・・審尋（調査）の結果・・ |

裁判所の見解

これは、執行裁判所が関係人から事情等を聴取（これを「審尋」という。）又は調査し、その結果を踏まえて売却条件が定められていることを明らかにしたものです。

解説

この記載は、買受けの安全度には影響しません。

買受けの安全度　―

D-34	占有者○○が改装費（又は修繕費・造作費）を支出した旨主張している。
	売却基準価額は上記改装費（又は修繕費等）を考慮して定められている。

裁判所の見解

　占有者が、売却対象不動産について、修繕費などの必要費又は改装費などの有益費を支出した旨主張していることを意味します。占有者が必要費又は有益費を支出したときは、占有物返還の際に、民法上の一定の要件の下に、所有者に対しその償還を請求でき、また造作についても、一定の要件の下に買取りを請求できることとされています。競売手続においては、買受人がこれらの請求を受けることがあり得ますので、買受けを検討するときは十分注意してください。

　なお、必要に応じ執行裁判所が売却基準価額を定めるにあたり考慮することもあります。後段はその場合の記載です。

解説

　買受人は、改装費等の費用の請求を受ける可能性があります。買受けには注意が必要です。

買受けの安全度　△または×

解説

　この記載は、買受けの安全度には影響しません。

買受けの安全度　—

D-35	本件土地の現況は農地ではない旨の農業委員会の回答がある。

裁判所の見解

　登記地目は田、畑又は牧場ですが、農業委員会から、現況は農地ではない旨の回答があったことを意味します。

　農地法所定の制限を受けない物件として、通常の物件と同様に売却

することになりますが、登記地目は現状のまま買受人に所有権移転登記がなされます。

そのため、地目変更の必要がある場合は、別途買受人において登記申請をする必要があります。その際、原則として、農地に該当しない旨の都道府県知事又は農業委員会の証明書等あるいは転用許可があったことの証明書等が必要となります。

それらの手続の詳細は、登記申請については法務局、上記証明書の発行については都道府県または農業委員会に確認してください。

解説

地目変更には、転用許可の証明書が必要です。

買受けの安全度　△

| D-36 | 本件建物につき、平成○年（ケ）第○号担保不動産収益執行事件（又は平成○年（ヌ）第○号強制管理事件）が係属している。 |

裁判所の見解

これは、物件明細書作成後に担保不動産収益執行事件又は強制管理事件の管理人が賃貸借契約を結んだ場合、その賃借人にも明渡猶予が認められることを注意喚起するための記載です。

明渡猶予についてはC-18をご覧ください。

解説

賃借人にも明渡し猶予が認められるため、買受けには注意が必要です。

買受けの安全度　△

COLUMN

地上権と賃借権

　地上権と土地の賃借権は、どちらも他人の土地に工作物または竹木を所有するために、その土地を使用することができる権利です。ただし両者には大きな違いがあります。

　地上権は物権です。所有権と同じく排他的権利で何人にも対抗できる権利です。当該土地の使用に関しては何をしても自由で、地主の承諾は必要ありません。地代に関しては、約定がなければ支払う必要はありません。

　一方で賃借権は債権です。当事者間のみに有効な契約なので、原則として地主と賃借人との関係においてしか効力が及びません。地主が他人に当該土地を売却した場合、賃借人は新地主に対抗できなくなります。ただし借地借家法により、賃借権の登記がなくても、建物の引渡しがあれば、対抗力が認められます。

　賃借権は、地代が必要ですし、譲渡、建替え、増改築等をするには地主の承諾が必要です。承諾を得ないで行うと、借地権の解除理由になります。譲渡するには名義変更料、建替えをするには建替承諾料、増改築を行うには増改築承諾料、契約を維持するには更新料等が必要になる場合があります。

COLUMN

底地

　底地とは、借地権（地上権や貸借権など）が付着している土地のことです。完全所有権の土地（更地）は、土地の所有者が自由に「使用」「収益」「処分」することができます。一方で底地の所有権は、不完全所有権とも呼ばれています。

　更地、借地権、底地の関係を価格の面からみてみましょう。

　「更地価格＝借地権価格＋底地価格」ではありません。更地価格に対して、借地権も底地もそれぞれ各種の制約があるからです。正しくは下記の関係になります。

更地価格＝借地権価格＋底地価格＋α

※α＝更地としての最有効使用が可能となる増分価値

　借地人が底地を購入すると土地の最有効使用が可能になるため、借地人に帰属する増分価値を手に入れることになるわけです。

　さてこのような底地を買い受けた場合のメリットは、安定した地代徴収権のほかには、将来見込まれる権利金、更新料、増改築承諾料などにあります。ただしこれらは、いつ実現するかわかりません。地代水準は、特に契約開始時期が古いものほど低く抑えられています。木造の戸建住宅を利用目的とする場合の年間地代は、地主が支払っている固定資産税と都市計画税の合計額の2.5〜3倍程度が標準といわれています。投資の効率はそれほどよくありません。

　そこで考えられるのは、借地権を買い取るか、一部借地権と交換するか、または最有効使用が可能となる借地人に底地を売却するかでしょう。

COLUMN

法定地上権付建物

　日本の民法は、土地と建物とを別々の不動産としています。土地と建物の所有者が異なることがあります。この場合の当該建物の敷地権を確保するために成立するのが、法定地上権です。約定地上権とは異なり、当事者間の設定ではなく、法律の規定によって生じる権利です。借地権付建物と比較して、法定地上権付建物は、名義変更、増改築等の際に地主の承諾がいらない、自由譲渡性があるなど、大変強い権利です。

　競売物件が建物で、その敷地に法定地上権が成立するのであれば、建物に敷地権が加算された法定地上権付建物として売却されます。同規模同所在の借地権付建物よりも価値は高くなります。

　一方で、敷地上の建物のために法定地上権が成立している当該敷地の価格は、当該敷地利用権が控除された底地価格ということになります。

第3章 「現況調査報告書」の見方

1 「現況調査報告書」は、当該競売物件の差押え直後のすべての現況を記載しています。
2 現況の占有関係を記載しています。

　裁判所の命令により、執行官が当該物件の現況について調査します。それを報告書にまとめたものが「現況調査報告書」です。
　「現況調査報告書」には、住居表示、地目、床面積、形状、占有関係、マンションの専有部分の場合はさらに内法面積（販売面積は壁心面積で異なる）、管理費の滞納額等の現況などについて記載されます（P123～128参照）。調査は差押え直後に行われます。

1　土地について（重要度☆☆☆）

　地目は、登記簿記載の地目ではなく現況地目です。形状は、公図、地積測量図、建物図面、土地建物位置関係図等から採用したものを添付します。対象土地が他人の土地に囲まれている土地（囲繞地）の場合、境界が不明確と記載されている場合は注意が必要です。
　「占有者及び占有状況」について、「土地所有者」にチェックが入っていれば正常です。土地所有者が占有しているということだからです。「その他の者」にチェックが入っている場合は問題です。所有者以外の占有者がいるということで、立退きの問題が発生する可能性があります。占有者が無事に明け渡してくれれば問題ありま

せん。ただし明渡しの交渉がスムーズにいかなかった場合、最悪は、裁判所から引渡命令を発令してもらい、明渡しの強制執行をするということになります。時間と費用がかかります。

　ダウンロードした資料では、仮に占有者がいる場合にも、占有者の氏名は伏せられています。引渡命令等の関係で占有者の氏名を知りたい場合は、当該競売物件を管轄している裁判所に直接出向いて記録を閲覧します。

　「下記以外の建物（目的外建物）」欄について、「ない」にチェックがあれば正常です。「ある」にチェックが入っていると問題です。売却される土地の上に、売却されない建物（目的外建物）があるということです。当該目的外建物の、所有権や敷地利用権について問題が発生する可能性があります。このような場合は目的外建物の概況について詳細があるはずなので、注意してください。

2　建物について

　種類、構造および床面積の概略、物件目録にない附属建物、占有者および占有状況、目的外土地の有無、執行官保管の仮処分の有無等について記載されています。種類、構造および床面積はすべて現況です。増・改築されていたりすると、登記簿記載の数量と異なることがあります。

　「種類、構造及び床面積の概略」欄で、「公簿上の記載とほぼ同一である」にチェックがあれば正常です。「公簿上の記載と次の点が異なる」にチェックがある場合、それが「主たる建物」か「附属建物」かによって、評価額が変わります。

　「物件目録にない附属建物」欄については、「ない」にチェックがあれば正常です。「ある」にチェックが入ると問題です。種類、構造、床面積について、詳しい記載があるはずです。附属建物か、件外建物かが問題になります。第一義的には登記の有無で判断します

が、それ以外は執行裁判所ごとに判断が異なると思われます。附属建物と認定された場合は、主物、従物の関係となります。従物は主物と運命をともにします。件外建物の場合は敷地利用権の問題が発生します。

「上記以外の敷地」欄に、「ある」にチェックがある場合は、目的外土地があるということで注意が必要です。

次に「執行官保管の仮処分」欄です。「ない」にチェックがあれば正常ですが、「ある」にチェックがあるといろいろなことが起こります。占有屋等の入り込む余地がなくなり買受人にとっては有利に働くということの半面、競売不動産に占有移転禁止、執行官保管の仮処分の執行がなされていると、買受人はそれに対抗できません。買受人はその不動産の所有権は取得できますが引渡命令は発令されないので、使用、収益、処分はできないということになります。

3　占有状況について（重要度☆☆☆）

「占有者及び占有権原」は大変重要です。注意して読んでください。調査は強大な立入り権限のある執行官が行います。精度はほぼ完璧です。先ほどの土地や建物のところで、占有者が土地や建物所有者であったならば問題ありません。ただし「その他の者」にチェックがあった場合は、明渡しがスムーズにいかない可能性もあります。

占有関係について、「占有範囲」「占有開始時期」「占有者」「占有状況」「関係人の陳述及び提示文書の要旨」等について、執行官が行った調査の結果が記載されます。

占有者のいる物件で買受人にとって大切なことは、引渡命令が出されるかどうかです。引渡命令が出されれば、買受人に物件が引き渡されます。引渡命令が出されない場合、買受人は所有権を取得しても、占有者を立ち退かせることができません。買受人は、自分で

使用、収益することはできないのです。

　占有者の権原が、買受人に対抗できる権原であるかどうかについては、占有開始時期、最先抵当権設定時期、差押登記時等によって判断されます。「現況調査報告書」に基づき、買受人に重要な影響を及ぼす法律関係について、裁判所の判断が記載されたものが「物件明細書」なのです。

　競売物件の所有権移転は代金納付後です。それまで元の所有者は、通常の用法に従って使用、収益ができます。その間に占有状況が変わることもあるので注意が必要です。

(現況調査報告書書式①)

平成○年(ケ)第○○○号
平成○年○月○日受理
平成○年○月○日提出

現況調査報告書

○○地方裁判所○○支部
　執行官　○　○　○　㊞

(注) チェック項目中の調査結果は、「■」の箇所の記載のとおり

（現況調査報告書書式②）

平成○年（ケ）第○○○号

物　件　目　録

1　所　　在　　○○市○○町一丁目
　　地　　番　　○○番○
　　地　　目　　宅　地
　　地　　積　　234.23㎡

2　所　　在　　○○市○○町一丁目○○番○
　　家屋番号　　○○番○
　　種　　類　　事務所　共同住宅
　　構　　造　　木造亜鉛メッキ鋼板葺地下1階付2階建
　　床 面 積　　1 階　　　　111.13㎡
　　　　　　　　2 階　　　　102.87㎡
　　　　　　　　地下1階　　　35.64㎡

（1枚目）

3点セットによる危険な物件の見分け方　第**3**編

(現況調査報告書書式③)

(土地・建物用)

不 動 産 の 表 示	「物件目録」のとおり		
住 居 表 示	○○市○○町１丁目○番○号		
土　　　　地	物件１		
	現 況 地 目	■宅地（物件１）　□公衆用道路（物件　）　□　　（物件　）	
	形　　　状	■公図のとおり　　　　　　　□地積測量図のとおり □建物図面(各階平面図)のとおり　■土地建物位置関係図のとおり □	
	占 有 者 及 び 占 有 状 況	□土地所有者　■その他の者 　上記の者が本土地上に下記建物を所有し、占有している ■「占有者及び占有権原」のとおり	
	下記以外の建物 （目的外建物）	■ない □ある（詳細は「目的外建物の概況」のとおり）	
	その他の事項		
建　　　　物	物件２		
	種類、構造及び 床面積の概略	■公簿上の記載とほぼ同一である。 □公簿上の記載と次の点が異なる（□主たる建物　□附属建物）。 　　□種　　類： 　　□構　　造： 　　□床 面 積：	
	物件目録にない 附 属 建 物	■ない　　　種　類： □ある　　　構　造： 　　　　　　床面積：	
	占 有 者 及 び 占 有 状 況	■建物所有者 　上記の者が１階事務所部分及び地下１階部分を事務所として使用している。 ■その他の者 　上記の者が本建物を住居として使用している。 ■「占有者及び占有権原」のとおり	
	上記以外の敷地 （目的外土地）	■ない □ある（詳細は「目的外土地の概況」のとおり）	
	その他の事項	「その他の事項」のとおり	
執 行 官 保 管 の 仮　　処　　分	■ない　　　地方裁判所　　支部　平成　年（　）第　　号 □ある　　　保管開始日　平成　年　月　日		
土地建物の位置関係	■建物図面(各階平面図)のとおり　　■土地建物位置関係図のとおり		

(注) チェック項目中の調査結果は、「■」の箇所の記載のとおり

(2枚目)

（現況調査報告書書式④）

(占有関係用〈2占〉)

占有者及び占有権原（物件2関係）

項目			201号室	202号室
占有範囲			□全部 ■一部（2階201号室）	□全部 ■一部（2階202号室）
占有者			□債務者 ■○○○○	□債務者 ■通称○○○以下不詳
占有状況			□敷地　□駐車場　□ ■居宅　□事務所　□店舗　□倉庫	□敷地　□駐車場　□ ■居宅　□事務所　□店舗　□倉庫
関係人の陳述及び提示文書の要旨			■陳述（■○○○○（占有者） □文書（■賃貸借契約書）	■陳述（■○○○○（所有者代表者）） □文書（□　　　　　　）
占有権原			■賃借　□使用借　□転借　□	□賃借　□使用借　□転借　□
占有開始時期			平成○年○月○日	平成○年○月○日（ころ）
契約最初等の	契約日		平成○年○月○日	平成○年○月○日（ころ）
	期間		平成○年○月○日 ■平成○年○月○日まで2年間 □期間の定めなし	平成○年○月○日から □平成　年　月　日まで　年間 ■期間の定めなし
更新の種別			□合意更新　□自動更新　■法定更新	□合意更新　□自動更新　□法定更新
契約現在等の	期間		平成○年○月○日から □平成　年　月　日まで　年間 ■期間の定めなし	年　月　日から □平成　年　月　日まで　年間 □期間の定めなし
契約等当事者	貸主		■所有者　□その他（　　　）	■所有者　□その他（　　　）
	借主		■占有者　□その他（　　　）	■占有者　□その他（　　　）
賃料・支払時期			毎月金○万○,○○○円 （毎月末日限り翌月分払） □前払（　　　　　） □相殺	毎月金○万○,○○○円 （毎月末日限り翌月分払） □前払（　　　　　） □相殺
敷金・保証金			□ない　□敷金　□保証金 ■ある　金　○万○,○○○万円	■ない　□敷金　□保証金 □ある　金　　　　円
特約等			□譲渡転貸可　□	□譲渡転貸可　□
その他				
執行官の意見			■上記のとおり　□下記のとおり □「執行官の意見」のとおり 「関係人の陳述」のとおり	■上記のとおり　□下記のとおり □「執行官の意見」のとおり 「関係人の陳述」のとおり

（注）チェック項目中の調査結果は、「■」の箇所の記載のとおり

（4枚目）

(現況調査報告書書式⑤)

(関係人の陳述等用)

関係人の陳述等	
陳 述 者 (当事者等との関係)	陳 述 内 容 等
■ (賃借人)	1　私は、平成○年○月から本件建物2階201号室を建物所有者株式会社○○○○から賃借して居住している者です。契約内容は契約書のとおりです。 　なお、最初の契約期間が終了する際に、建物所有者から契約更新について何らの協議もなく、また、更新料の請求もありませんでした。私としては、期間の定めもなくこのまま居住してもかまわないものと考え、現在も居住しているのです。賃料は従前どおり支払っています。 　　2階202号室居住者について私は詳しいことは分かりません。
■ (建物所有者代表者)	1　何度か通知書を送付されたことと思いますが、仕事で遠隔地におりましたので本日各通知書等の書類を今見ているところです。 　株式会社○○○○は現在も営業を続けています。事務員は昨年暮れに退職しましたので、現在は私が出張以外の日に出社しています。 2　2階201号室には○○○○さんが賃借権に基づき居住しています。また、202号室には平成○年○月ころに○○さんが退去したこともあり、平成○年○月○日ころから○○○○という名の○○人を居住させています。 　正式な契約書を取り交わしていませんが、特に期間も定めず日本にいる間居住させるということで賃貸借契約をしました。賃料は○○さんと同額です。 　　　　　　　　　　　　　　　　　　　　　　　　　以上

(注) チェック項目中の調査結果は、「■」の箇所の記載のとおり

(5枚目)

（現況調査報告書書式⑥）

(調査経過用)

調 査 の 経 過		
調査の日時	調査の場所等	調査の方法等
平成○年○月○日 13：20～13：30	物件所在地	物件確認調査、写真撮影 建物所有者事務員と面談聴取（2階居住者は存在しないとの陳述以外は黙秘、事務員年末退社）
平成○年○月○日 ～	当　庁	所有者に期日通知等送付（無回答、連絡不能） 評価人と期日調整等 有限会社○○○○不動産から電話聴取
平成○年○月○日 ～	当　庁	○○警察署に援助申請
平成○年○月○日 13：00～13：50	物件所在地	立入調査（2階部分一部続行）、写真撮影
平成○年○月○日 ～	当　庁	占有者らに期日通知等送付
平成○年○月○日 13：00～13：30	物件所在地	立入調査、写真撮影 賃借人　　　　　と面談、占有関係調査
平成○年○月○日 19：05～19：15	当　庁	土地所有者兼建物所有者代表者　　　　から占有関係等電話聴取

(特記事項)
☐　平成　年　月　日
　　目的物件は不在で施錠されていると予想されたので、立会人及び解錠技術者を同行して臨場した。
■　平成○年○月○日
　　目的物件は不在で施錠されていたので、立会人○○○○（○○警察署警察官）を立ち会わせ、技術者に解錠させて建物内に立ち入った。
☐　平成　年　月　日
　　休日・夜間執行許可の提示をした。
■　平成○年○月○日
　　目的物件（2階201号室）は不在で施錠されていると予想がされたので、立会人及び解錠技術者を同行して臨場したが、占有者が解錠に応じたので解錠を中止した。

(注) チェック項目中の調査結果は、「■」の箇所の記載のとおり

(6枚目)

第4章 評価書

1 「評価書」は物理的欠陥と法的欠陥を反映させた価額を査定している。
2 「評価書」は物理的欠陥と法的欠陥（主に公法上の制約）を指摘している。

「評価書」にはまず、競売物件の評価額が記載されています。さらに、評価額の根拠となった物件の物理的欠陥および不動産に関する行政法規の法的欠陥などに関する調査結果も載っています（P142～152参照）。調査は、裁判所の命令により評価人が行います。

1 評価額（重要度☆）

売却の方法としては個別売却と一括売却があります。競売物件は1筆ごと（土地は地番単位、建物は家屋番号単位）に売却されるのが原則です。一括売却を行うことを前提とした場合には一括価額を表示します。

評価書の内訳価格における「建物価格」は、敷地利用権等の価格が含まれた価格です。「土地価格」は、建物のための敷地利用権等価格を控除した価格です。一般の不動産鑑定評価書の内訳価格とは異なります。

評価書に記載された価額に基づき、裁判所が競売不動産の売却基

準価額を決定します。買受申出の額は、売却基準価額の8割に相当する額（買受可能価額）以上であればよいとされています。

2　評価の条件

評価額は、一般市場で成立する価額ではありません。競売市場を前提とした価額です。競売市場には、一般市場とは異なる特殊性があり、評価の条件として考慮されています。一般的な価格に、競売市場修正や占有減価等を行った後の価格が評価額となります。一般的に、競売市場修正として30〜40％の減価が行われます。

なお、3点セットの「評価書」の前に、「補充評価書」「再評価書」「意見書」等が綴じられている場合は、評価額がはじめと変わっている可能性もあります。最新の情報を確認してください。

3　目的物件の表示（重要度☆）

物件番号は物件目録の番号です。登記記録記載の地番と住居表示で表記されます。特に重要な事項がある場合は、表の最後に特記事項として記載されます。

4　目的物件の位置・環境等（重要度☆☆☆）

（1）都市計画法の規制について

① 「市街化区域」は建物が建てられる地域、「市街化調整区域」は原則として建物が建てられない地域です
② 用途地域については、市街化区域をさらに12の区域に細分化し、建物の種類、規模、高さがそれぞれ決められています

（2）建築基準法の規制について

① 原則として都市計画区域内の建築物の敷地は、幅員4m以上の道路（建築基準法の道路）に間口2m以上接しなければなりませ

ん。基準以下の土地に建物は建てられません（建築物の接道義務）
②　用途地域の建築制限については図表「用途地域の建築物の制限」、建築基準法の道路の種類については図表「道路の種類」を参照してください

●位置・交通、付近の状況

「対象土地の概況及び利用状況等」には、まず土地の「位置・交通」「付近の状況」等が記載されます。交通機関の駅からの距離等が明示され、付近の状況と併せて、当該物件の所在地のイメージをつかむのに役立ちます。

●公法上の規制欄　　（重要度☆☆☆）

わが国には土地や建物の利用や規制について、50を超える法規が存在します。それらの最上位にあるのが、都市計画法や建築基準法です。これらにより、日本の国土を良好な環境に保つとともに、土地利用を規制し合理的な利用を図っています。不動産を購入する場合には、これらの法律による規制についても、知っておく必要があるのです。

「主な公法上の規制等」には、土地の利用を左右する用途地域、指定建ぺい率、指定容積率、絶対的高度、防火規制、その他の規制が記載されます。

都市計画法に定められた都市計画区域の中には、①市街化を促進する地域（市街化区域）、②市街化を抑制する地域（市街化調整区域、原則として家は建てられません）、③どちらにも属さない地域（非線引き区域、家は建てられますが、電気、水道等の施設が整わない場所があるので、よく確かめる必要があります）——があります。①の市街化区域については、さらに12種類に区分され、それ

ぞれ建てられる建物の用途が細かく決められています。この12種類の区分のことを「用途地域」といいます（図表「用途地域の概要」、図表「用途地域の建築物の制限」を参照）。まとめると以下のようになります。

1）「市街化区域」は、すでに市街地を形成している地域と今後10年以内に優先的に市街化を図る地域。
2）「市街化調整区域」は、市街化を抑制する地域です。原則として建物は建てられない地域。
3）用途地域は、主に市街化区域に指定されている。土地の計画的利用を図るため、建物の用途、建ぺい率、容積率、高さ等が定められている。
4）「市街化区域」は、「住居系用途地域」「商業系用途地域」「工業系用途地域」等の12の用途地域に細分化される。用途地域ごとに、建てられる建築物の用途が制限され、さらに、建ぺい率、容積率および高さの最高最低限度が定められている。

　注意点
　用途地域で規制された用途の建物が現地に建てられている場合、この建物は違反建築物となります。購入しようとしても住宅ローンの審査が通らないことが考えられますし、最悪の場合には違反建築物として取壊しの対象になることもあり得ます。

　指定建ぺい率、指定容積率も記載されます。ただしこれは、道路の幅員（はば）等の個別的な規制を考慮しない一般的な規制です。実際に適用される容積率は、さらに対象地の接面する道路の幅員によって規制されることがあります。
　「住居系の用途地域については、接面する道路幅員×0.4」、「商業系の用途地域については、接面する道路幅員×0.6」のそれぞれ

の値と、一般的規制の指定容積率のうち低いほうが適用されます（4m以下の道路幅員の場合は4mで算出します）。

こうした個別的な規制は、そのほかにもあります、例えばマンションであれば、通路、ベランダ、駐車場等の部分は容積率の計算に含まれません。大変複雑なので行政の担当者に確認することが大切です。

● **画地条件（規模・形状等）欄**　　（重要度☆☆☆）

ここで大切なのは形状、間口、奥行です。原則として都市計画区域内の建築物の敷地は、幅員4m以上の道路（建築基準法の道路）に、間口2m以上接していなければなりません。接道義務に違反がある場合は、「評価書」の「画地条件」欄と「接面道路」欄に、特記・注記として記載されます。

例えば、特記事項として、「物件1の土地は西側通路と2.5m接面するが、建築基準法上の公衆用道路に接面しておらず現状では建築確認許可の取得が困難な土地であると思慮される」などといった記載があった場合には、問題のある物件ですので手を出さないことです。

● **接面道路欄**　　（重要度☆☆☆）

接面道路について記載されます。

都市計画区域内の建築物の敷地は、原則として幅員4m以上の道路（建築基準法の道路）に2m以上接しなければならないという規制があります。

まず道路の種類および道路No、幅員等について記載されます。ただし役場の担当部署で再度確認する必要があります。建築基準法上の道路とは、建築基準法42条1項〜6項の道路（図表「道路の種類」参照）を指します。建築基準法上の道路でないものは「通路」

と記載されます。

　さらに、3点セットの資料、区役所による確認資料等を持参して、自分で現地を調査し再確認することも大切です。公法上の規制の詳細説明は『競売ファイル・競売手続説明書』の「評価書の詳細説明」に記載されていますので参考にしてください。

　ここで不動産の価値はどのようにして決まるのかを考えてみましょう。少し難しい言い方になりますが、不動産は利用されることにより価値を生じます。不動産に対して我々が認める効用があること、不動産に相対的希少性があること、それから有効需要があること、これらが相関結合によって経済的価値を生じるのです。
　低層の住居系地域で、低層の2階建ての住宅しか建てられないのであれば、将来的にも高い建物は建築されません。良好な居住環境を維持していくものと思われます。居住性、快適性を重視した地域といえます。
　一方で商業地域は、高い建物を建築することができます。高層マンション、商業ビル、店舗ビル等が立ち並ぶ街並みで、利便性、収益性を重視した地域です。その分日照等が犠牲にされたり、騒音等の問題が起こったりすることもある地域です。低層の住宅地域とは、まったく違うわけです。
　居住性、快適性を重視する人は、低層の住居系地域を選ぶべきで、利便性、収益性を重視する人は、商業系地域を選ぶということになります。

【用途地域の概要】

系統	種別	趣旨	主な規制
低層住居系	① 第一種低層住居専用地域	良好な居住環境を保護するために1・2階を中心とした低層住宅	有料老人ホーム等で、公益上必要な建築物はOK
低層住居系	② 第二種低層住居専用地域	①と同様であるが、規制が少し緩和される住宅地	150㎡以内の店舗（コンビニエンスストアなど）・飲食店はOK
中高層住居系	③ 第一種中高層住居専用地域	用途がそれほど混在せず、マンションなどが建てられる中高層の住宅地	病院、児童厚生施設等や500㎡以内の店舗はOK
中高層住居系	④ 第二種中高層住居専用地域	③と同様であるが、規制が少し緩和される中高層の住宅地	一定の運動施設の建築は禁止、ホテル・旅館は禁止
住居系	⑤ 第一種住居地域	住居と小規模店舗・事務所・ホテル・運動施設等の用途が混在した住宅地	パチンコ屋、カラオケボックス等、3000㎡をこえる事務所・店舗は禁止
住居系	⑥ 第二種住居地域	⑤と同様であるが、非住宅用途の混合・規模の面で規制を少し緩和した住宅地	300㎡以内の自動車車庫はOK、劇場、観覧場、倉庫は禁止
住居系	⑦ 準住居地域	自動車の利用に便利な地域で、幹線道路沿いに住居環境を調和させた住宅地	自動車車庫、150㎡以内の自動車修理工場、客席200㎡未満のミニシアター等はOK
商業系	⑧ 近隣商業地域	近隣の住宅地の住民に店舗・事務所などの利便増進をはかる商業施設	キャバレー、料理店、ナイトクラブ、ダンスホール等は禁止
商業系	⑨ 商業地域	町の中心・地区の中心となる商業・業務などの利便を高める商業地	原動機を使用する作業場150㎡をこえる工場、玩具煙火の製造場等は禁止
工業系	⑩ 準工業地域	中小の工場と住居地が混在し、中小企業の育成と振興をはかる工業地	石綿含有品の製造工場、火薬類取締法の火薬類の製造、消防法に規定する危険物の製造は禁止
工業系	⑪ 工業地域	ほかの用途との混在を防ぎ、公害などを防止する工業の利便をはかる工業地	ホテル、旅館、劇場、映画館、学校、病院は禁止
工業系	⑫ 工業専用地域	大工場・重工業を推進・維持するため⑪より厳しい建物規制をした工業地	住宅、共同住宅、寄宿舎・店舗、ボーリング場、マージャン屋等は禁止

【用途地域の建築物の制限】

用途地域 建築物の用途	低層住居専用 第一種	低層住居専用 第二種	中高層住居専用 第一種	中高層住居専用 第二種	住居 第一種	住居 第二種	準住居地域	近隣商業地域	商業地域	準工業地域	工業地域	工業専用地域
住宅・共同住宅・寄宿舎	○	○	○	○	○	○	○	○	○	○	○	×
兼用住宅のうち店舗・事務所が一定規模以下	○	○	○	○	○	○	○	○	○	○	○	×
幼稚園・小学校・中学校・高等学校	○	○	○	○	○	○	○	○	○	○	×	×
神社・寺院・教会	○	○	○	○	○	○	○	○	○	○	○	○
保育所・公衆浴場・診療所	○	○	○	○	○	○	○	○	○	○	○	○
老人ホーム・身体障害者福祉ホーム	○	○	○	○	○	○	○	○	○	○	○	×
老人福祉センター・児童厚生施設	△	△	○	○	○	○	○	○	○	○	○	○
大学・高等専門学校・専修学校・各種学校	×	×	○	○	○	○	○	○	○	○	×	×
病院	×	×	○	○	○	○	○	○	○	○	×	×
床面積計150㎡以内の一定の店舗・事務所	×	○	○	○	○	○	○	○	○	○	○	△
ホテル・旅館	×	×	×	×	△	○	○	○	○	○	×	×
カラオケボックス	×	×	×	×	×	△	△	○	○	○	△	△
キャバレー・料理店・ダンスホール	×	×	×	×	×	×	×	×	○	○	×	×
一定規模以下の自動車修理工場	×	×	×	×	×	○	○	○	○	○	○	○

○印…建ててよいもの　△印…条件によって建ててよいもの　×印…建ててはダメなもの

【道路の種類】

道路幅員		種類
4m以上 （特定行政庁の指定区域内では6m以上） 42条1項	1号	道路法による道路 国道・都道府県道・市町村道
	2号	都市計画法・都市再開発法・土地区画整理法等による道路
	3号	既存道路 法の施行時（昭和25年11月）及び都市計画区域の決定を受けた際現に存在していたもの（私道を含む）
	4号	計画道路 実際の効用は果たしていないが2年以内に供用を予定しており、特定行政庁が指定したもの
	5号	位置指定道路 道路法、都市計画法等によらず築造する政令で定める基準で造られた私道で特定行政庁からその位置の指定を受けたもの
4m未満 42条	42条2項	特定行政庁が指定したもので道路とみなされたもの 道路中心線より左右に水平距離2mずつ後退した線を道路境界線とみなす（がけ地・川などで道路中心線より左右に振り分け不能の場合はがけ地より4mの幅）
	42条3項	急斜面等で拡幅がむずかしい場合 上記2項で幅が4mとれない場合2.7m以上であればよい 建築審査会の同意が必要
	42条6項	古い城下町の道路などで 1.8m未満の道を指定する場合は建築審査会の同意が必要

5 評価額算出の過程（重要度☆）

　評価額の算出の過程は、評価対象不動産の類型によって異なります。専門的でやや難解な内容です。

　対象物件について、費用性からアプローチする積算価格、収益性からアプローチする収益価格、取引事例（公的評価、例えば地価公示価格・固定資産税評価額等からの検証）からアプローチする比準価格を、それぞれ求めます。

　さらに評価対象不動産の類型によって、収益性に重きを置くのか、快適性に重きを置くのか等を考慮し、3つの価格のウエイト付けを行います。多角的な観点から価格を誘導するのが基本です。ここで求めた価格を参考として、裁判所が売却基準価額を決定します。

●「競売市場修正」「占有減価」について

　通常、一般市場の民間業者が介在する不動産取引においては、代金支払いと同時に所有権移転登記と、物件の引渡しが行われます。所有権移転登記と同時に抵当権設定登記を行うことも可能なので、金融機関の融資を受けることもできます。

　一方で競売市場は、一括代金納付が原則です。占有者のいる物件で明け渡してもらえずに、強制執行が必要な場合も出てきます。そのため評価額算定にあたっては、これらの点を考慮し競売市場修正や占有減価を行います。

　これまでの3点セットの説明で、希望する物件の法的欠陥と物的欠陥を見分ける方法がご理解いただけたと思います。ただし3点セットの作成時期は差押え時直近であり、実際に買い受けるのは通常、さらに数カ月後になります。その間の権利関係、占有関係、相場等の変動について、自ら現地で調査することも必要です。

COLUMN

不動産の基礎知識

建築が可能な地域

　日本の国土のすべての土地は、都市計画区域と準都市計画区域およびそれら以外の3つに分けられています。都市計画区域は、さらに①市街化区域、②市街化調整区域、③非線引き区域の3つに分けられます。市街化区域は市街化を促進する地域です。当然、建物が建てられます。市街化調整区域は、農林水産業の振興のため、市街化を抑制する地域です。原則として建物が建てられません。非線引き区域は市街化区域とも市街化調整区域とも未だ指定されていない区域で、建物は建てられますが、上水道、ガス、道路等が整備されていない場合があります。購入するのであれば、それらの整備にかかる費用等を考慮しておく必要があります。

　マイホーム等の取得を考える場合、場所は主に市街化区域でしょう。市街化区域は、主に都市周辺にあります。面積は全国の土地の約4％程度にすぎません。残りは、市街化調整区域、非線引き区域、都市計画区域外の区域のいずれかということです。

　都市計画区域外の区域とは、今のところ都市を計画的に作る必要のない区域です。主に農村部、山林地帯の過疎地域です。日本国土の約74％を占めています。都市計画区域外でも建築は可能です。都市計画法の適用外（開発行為、都市施設については都市計画法の適用がある）の地域ですから、建築の制限は緩いといえるでしょう。ただし、道路、地盤工事、上下水道、ガス、電気等の未整備な地域がほとんどです。

COLUMN

用途地域とは

　市街化区域は、さらに12種類の用途地域に分けられ、それぞれの地域で建築可能な建物が定められています。これは無秩序で無計画な用途が混在する都市のスプロール化を防ごうとするもので、用途別に特化した都市の開発を目指したものです。住居系は7地域、商業系は2地域、工業系は3地域に分けられて、建築可能な建物の種類、用途、規模、高さ等が細かく定められています。

　一番規制の厳しい地域は住居系の第一種低層住居専用地域です。例えば高さは3階建てまでという規制があり、高い建物は建てられません。日照、通風等の心配のない良好な住環境が期待できます。店舗、工場等は建てられません。

　商業系の多くは駅周辺、幹線道路沿い等に指定されています。工業系の多くは原料、製品等の流通に至便な幹線道路沿い、高速道路インターチェンジ近辺等に指定されています。

　用途地域によって町並みが変わるわけです。不動産購入の際には、現在の環境のみならず、用途地域を調べたうえで、将来の環境を予測することも必要です。用途地域は各行政庁（東京都では区役所）の都市計画課（または街づくり課）等にある都市計画図で調べることができます。この都市計画図は販売もしていますし、電話での問い合わせや、ホームページなどでも対応しているところが多いと思います。

COLUMN

接道義務と画地条件

　建築基準法には、都市計画区域内で家を建てる場合には、①建築基準法上の道路に、②間口２m以上接しなければならない──と定められています（建築基準法43条１項、建築基準法上の道路とは、建築基準法42条１項１号～５号および２項～６項に該当する道路）。いわゆる接道義務といわれる規制です。これは、原則で、さらに特殊建築物等に関しては、地方公共団体の条例で厳しく制限を付加することもできるとされています。現地調査を行う場合には、①については、各行政庁の建築指導課等で確認できますし、②については、実際に巻き尺等で計測してみることです。

　そのほかにも法律には、多くの規制があります。土地の用途地域や、建ぺい率、容積率、高さ制限、その他の規制の有無（例えば建築協定があるかないか）などを調べなければなりません。

　特に競売物件は、ほとんどが中古住宅です。将来的には上物を壊して建て替える場合、増改築をする場合も考慮しなければなりません。建て替える際に、セットバックする必要があることもあります。こうした土地の場合、元の規模より小さな建物しか建たない可能性もあるのです。

　何より大切なことは、人任せにしないで、自ら建築指導課などに出向いて調べてみることです。担当者のお話を聞く際には、相手の氏名を聞いておくことをお勧めします。

(評価書書式①)

平成　年（　）第　　　号
平成　年　月　日　現地調査
平成　年　月　日　評価

東京地方裁判所　御中

評　価　書

評価人

(評価書書式②)

記載例
第1　評価額

一 括 価 額（合計）	
金　34,770,000円	
内　訳　価　格	
物　件　1	金　4,000,000円
物　件　2	金　6,770,000円
物　件　3	金24,000,000円

1　一括価額は、物件1及び3の各不動産について、一括売却（民事執行法第61条本文）を行うことを前提とした場合の合計価格である。

2　物件1及び2の土地価格は物件3の建物のための敷地利用権価格を控除した価格であり、物件3の価格は当該敷地利用権付建物としての価格である。

(評価書書式③)

第2　評価の条件
1　本件評価は、民事執行法により売却に付されることを前提とした適正価格を求めるものである。
　　したがって、求めるべき評価額は、一般の取引市場において形成される価格ではなく、一般の不動産取引と比較しての競売不動産特有の各種の制約（売主の協力が得られないことが常態であること、買受希望者は、内覧制度によるほか物件の内部の確認が直接できないこと、引渡しを受けるために法定の手続をとらなければならない場合があること、瑕疵担保責任がないこと等）等の特殊性を反映させた価格とする。
2　本件評価は、目的物件の調査時点における現状に基づいて評価するものである。

第3　目的物件の表示

物件番号	登 記 簿 上	現　　況
1	次頁物件目録記載のとおり	
2		
3		住居表示：　　区　　2丁目　番　号
特　記　事　項		
物件2土地には送電線が走り、送電線路の設置のための地役権が設定されている。		

＊現況欄に記載のない事項については、ほぼ登記記録記載と同じである。

（評価書書式④）

```
                                     平成　年（　）第　　号


                    物　件　目　録



  1  所　　在      区　　二丁目
     地　　番         番
     地　　目　  宅地
     地　　積　  109.15平方メートル

  2  所　　在      区　　二丁目
     地　　番         番
     地　　目　  宅地
     地　　積　  174.97平方メートル

  3  所　　在      区　　二丁目　　　番地
     家屋番号         番
     種　　類　  居宅
     構　　造　  木造亜鉛メッキ鋼板・瓦葺２階建
     床面積　　 １階　　60.58平方メートル
                ２階　　39.15平方メートル
```

（評価書書式⑤）

第4　目的物件の位置・環境等
1　対象土地の概況及び利用状況等（物件1及び2）

位置・交通	東京メトロ南北線「　　　」駅の北東方約　km（道路距離、徒歩約19分）、　　区　2丁目　番街区に位置する。
付近の状況	比較的小規模な一般住宅等が密集して建ち並ぶ住宅地域を形成している。 対象地（物件2土地）の南西側隣接地（　番　）には送電線鉄塔が存在する。 西方約100m（直線距離）に区立　　小学校
主な公法上の規制等 （道路の幅員等の個別的な規制を考慮しない一般的な規制）	都市計画区分　　市街化区域 用途地域　　　　第1種住居地域 建ぺい率　　　　60% 容積率　　　　　200% 防火規制　　　　準防火地域 その他の規制　　新田地区地区計画（既成住宅地区A）
画地条件（規模、形状等）	規　　　　模　　約　　　㎡（109.15㎡＋174.97㎡） 形　　　　状　　やや不整形 間口、奥行　　間口　約14m、奥行　約21m 地　　　　勢　　ほぼ平坦
接面道路	北東側約5.1m区道（建築基準法第42条1項1号該当）にほぼ等高に接面する中間画地。
土地の利用状況等	物件3建物の敷地として利用されている。 物件1土地には物件3建物が存し、その下屋の一部が南接する物件2土地に係っていると思われる。また、物件2土地は4台分の貸し駐車場となっているが、物件1、2土地の間には工作物等もなく、一体として物件3建物および駐車場の敷地となっていると判断できる。建物の配置は附属資料第3図建物配置図のとおり。
供給処理施設	上水道　　あり ガス　　　あり 下水道　　あり
特記事項	①　前述の通り、物件2土地は送電線下地であり、地役権が設定されている。その内容は次の通りである。 原　因　昭和　年　月　日設定（平成　年　月　日変更） 目　的　1、送電線路の設置およびその保守のための土地立入 　　　　2、送電線路の最下垂時における電線から3.6mの範囲内における建造物の築造禁止 　　　　3、爆発性、引火性を有する危険物の製造、取扱および貯蔵の禁止

(評価書書式⑥)

2 建物の概況及び利用状況（物件3）		
建 築 時 期	建 築 年 月 日	昭和　年　月　日新築（登記記録記載）
	経 過 年 数	年
	経済的残存耐用年数	建替えの時期が到来している。
仕　　　　様	構　　　造	木造2階建
	屋　　　根	亜鉛メッキ鋼板・瓦葺
	外　　　壁	モルタル塗等
	天　　　井	吸音ボード、合板等
	内　　　壁	合板、繊維壁、オイルペイント等
	床	タタミ、フローリング等
	設　　　備	トイレ、浴室、台所等
	そ の 他	
床面積（現況）	1階には建築面積に算入されない下屋がある。 1階　約　　㎡、2階　約　　㎡ 延べ　約　　㎡	
現況用途等	種　　　類	居宅
	間 取 り	6K＋下屋
品　　　　等	下位	
保守管理の状態	劣る	
建物の利用状況	占有者の弟が居宅として、無償にて、使用し占有している。 占有権原は無権原もしくは使用借権（黙示）と思われる。	
特 記 事 項	本件建物は経年相応に相当老朽化している。 占有者が本件建物内の台所の配管が詰まっていると陳述し、本件建物敷地には排水のためのホースが存在する。 また、占有者がトイレには水漏れがあると陳述した。	

（評価書書式⑦－1（マンション用））

2　建物の概況

（1）一棟の建物の概要

マンション名	○○○○	
建物の用途	住宅　　　　　　　　総戸数20戸	
建築時期及び経済的残存耐用年数	建築年月日	昭和　年　月　日以前の新築
	経過年数	約　　年
	経済的残存耐用年数	約　　年
構造・延床面積	鉄筋コンクリート造陸屋根4階建て　　（公簿） 　　　　　　　延348.86㎡　（公簿）	
仕様	外壁	吹付等
設備	集合郵便受等	
建物の品等	使用資材	普通
	施工	普通
管理の形態等	管理組合 管理方式 管理会社 その他	㈱○○○○
管理の状態	普通	
特記事項	なし	

(評価書書式⑦-2（マンション用））

（２）専有部分の概要　　（物件１）			
構　　　　　造	鉄筋コンクリート造１階建		
位　　　　　置	２階部分		
現 況 床 面 積	占有面積○○㎡、　　　共用部分を含む現況床面積○○㎡		
間　　取　　り	ワンルーム　　　　　　　　　　　　　（附属資料間取図参照）		
ベ　ラ　ン　ダ	有　南側		
仕　　　　　様	天井 床 内壁 設備 その他	ビニールクロス貼、リシン吹付等 カーペット等 ビニールクロス貼等 ミニキッチン（電気コンロ）、ユニットバス等 なし	
維持管理の状態	普通		
管　理　費　等	管理費 修繕積立金 その他 滞納額 備考	月額6,150円 月額2,000円 なし 59,200円 － 　　　　　　（平成○○年○○月○日現在）	
専 有 部 分 の 利 用 状 況 等	建物所有者が占有しているが現在は空室である。		
特　記　事　項	なし		

（評価書書式⑧）

第5　評価額算出の過程
　1　基礎となる価格
　①　物件1及び2（土地）

　物件1及び2を一体と見た上で、物件1及び2の更地価格を算出し、これに建付減価を行って建付地価格を求めた。

物件番号	更地価格 （円／㎡）	地　積 （㎡）	建付減価補正	土 地 価 格 （円）
1	194,000	×109.15	×0.95	≒ 20,120,000
2	194,000	×174.97	×0.95	≒ 32,250,000

更地価格：更地価格は下記の規準価格を中心に、その他の価格資料等を斟酌して決定した。
　　公示値　　　足立－27
　　公示価格　　　時点修正　　標準化補正　　地域格差　　個別格差　　規準価格
　　216,000円／㎡ × 95／100 × 100／100 × 100／95 × 90／100 ≒ 194,000円／㎡
　◇時点修正：平成22年1月1日から評価日までの推定変動率である。
　◇標準化補正：公示地は概ね標準的画地である。
　◇地域格差：公示地の所在する地域は対象地域に比し、交通接近条件で劣る。
　◇個別格差：一部送電線下地、ライフライン引込状況等で劣る。
建付減価補正：建付減価率を5％と判定した。

　②　物件3（建物）

　当該建物の再調達原価を、現在の建物建築費の推移動向、消費税課税等も考慮した上、標準的な建築費に比準して求めた。物件3建物は建築後相当の期間が経過しており、維持管理状態も劣るため、観察によりその現価率を5％と査定した。

物件番号	再調達原価 （円／㎡）	現況延床面積 （㎡）	現価率	建 物 価 格 （円）
3	130,000	×99.73	×0.05	≒ 650,000

床面積：現況床面積を採用
現価率：残価率5％

（評価書書式⑨）

2　評価額の判定
　前記1により求めた価格を基に、物件1及び2の土地については敷地利用権等価格を控除し、物件3の建物についてはその敷地利用権価格を加算し、競売市場修正等を施して、下記のとおり評価額を求めた。

① 敷地利用権等価格

物件番号	建付地価格（円）	敷地利用権等割合		敷地利用権等価格（円）
1	20,120,000	×0.7	法定地上権	≒ 14,080,000
2	32,250,000	×0.7	法定地上権	≒ 22,580,000
合　計				36,660,000

（注）売却により法定地上権が成立するものと解される。法定地上権割合は、近隣における借地権の取引慣行、課税上の割合等を参考に、建物の性質、地上権としての特性等を勘案して判定した。

② 内訳価格及び一括価額

物件番号	基礎となる価格（円）	敷地利用権等価格の控除及び加算（円）	修正項目	競売市場修正	占有減価等	評価額（円）
1	20,120,000	−14,080,000	×1.0	×0.7		≒ 4,230,000
2	32,250,000	−22,580,000	×1.0	×0.7		≒ 6,770,000
3	650,000	+36,660,000	×1.0	×0.7	×1.0	≒ 26,120,000
一括価額（合計）						37,120,000

修正項目：必要なし。
競売市場修正：△30％と判定した。
占有減価等：必要なし。

(評価書書式⑩)

第6　参考価格資料

地価公示価格　足立-27
　　所　　　　在：足立区鹿浜3丁目8番77「鹿浜3-8-7」
　　価　　　　格：216,000円／㎡
　　位　　　　置：日暮里・舎人ライナー線「西新井大師西」駅の西方道路距離約1.9kmに位置する。
　　価 格 時 点：平成22年1月1日
　　地　　　　積：109㎡
　　供給処理施設：水道、ガス、下水
　　接 面 街 路：南側6ｍ区道
　　用 途 指 定 等：第1種住居地域（建ぺい率60％、容積率300％）、
　　　　　　　　　準防火地域
　　地 域 の 概 要：中小規模一般住宅、アパート等が混在する住宅地域

第7　附属資料の表示
　1　位置図
　2　公図写
　3　建物配置図

　　　　　　　　　　　　　　　　　　　　　平成　　年　　月　　日
　　　　　　　　　　　　　　　　　　　　　　評価人　不動産鑑定士
　　　　　　　　　　　　　　　　　　　　　　　　　　　　　　印

第4編

不動産の調査の方法

ポイント整理

1 3点セット作成時点以降、買受けまでに通常は数カ月かかる。その間の権利関係、占有関係、相場等の変動、新事実の判明等について、現地調査が必要になる
2 代金納付までは、元の所有者の使用収益が認められている。所有者が新たな賃貸借契約などを結ぶことで、占有者が移動する可能性もある
3 現地で時価相場を把握することが必要になる
4 実質的売主の裁判所には物理的瑕疵の担保責任がない（基礎のひび割れや雨漏りなど）ので、買受人は完全な自己責任を負う。対象物件の物理的状況についても、再確認が必要になる

３点セットが作成される時期は、差押え直後です。ところが実際に３点セットとして裁判所に据え置かれるまでに、通常は数カ月が経過しています。その間に、権利関係、占有関係、相場等が変動している可能性があります。だからこそ、現地で実際に調査し、確認する必要があるのです。

　不動産の調査方法は、競売不動産についても、一般の不動産と同じだと考えてかまいません。
　民間の仲介業者が介在する一般の不動産取引の場合、国家資格である『宅地建物取引主任者』による重要事項説明が受けられます。ある程度他人任せでも、実はそれほど問題は起こりません。
　一方で競売市場における買受けは、実質的な売主である裁判所に瑕疵担保責任がないので、当該不動産の隠れた瑕疵については、買主の完全な自己責任となります。加えて代金納付までの間は、元の所有者が使用収益することができます。他人に賃貸することも可能なため、３点セット作成時と占有者が異なることもあり得るのです。また３点セット作成時点以降に新事実が判明することもあります。だからこそ、３点セットの資料を持参して行う現地調査は、欠かせないのです。
　現地調査では、買受人に影響を及ぼす権利関係の欠陥、不動産の物的欠陥、法的欠陥（行政法規上の欠陥）、落札価格の予想に必要な実勢価格の把握などを念頭において、調査を行います。
　少し話は逸れますが、不動産の価格が右肩上がりだった時代は、不動産を所有しているだけでキャピタルゲイン（売買益）が生まれました。不動産に多少の瑕疵、欠陥があっても、値上がり益でカバーできました。しかし、不動産バブル崩壊以降、不動産の価値は、その不動産の生み出すインカムゲイン（所有することで受け取ることができる現金収入）で評価するように変化してきたのです。

この変化は調査の方法にも影響を与えています。一般的な調査に加え、さらにインカムゲインに影響を及ぼすようなリスク、例えばテナント、賃借人の質、安定性の度合い、占有権原を持たない占有者の有無等を詳細に調査し、これらを対象不動産に反映させた適正な市場価値を把握することが求められるようになったのです。

　競売市場には、どのような瑕疵、欠陥のある物件であっても、債権者の申出が認められると流通することになります。多くの欠陥のある物件がまぎれこんでいるのです。競売物件の調査の重要性がおわかりいただけることと思います。

　調査の流れは次のとおりです。

現地調査（物的欠陥の確認、占有者の確認、宅建業者への相場の聞き込み）
↓
法務局調査（不動産登記簿による権利関係および公的確認資料の収集）
↓
役所調査（行政法規調査、供給処理施設の調査）

第1章 現地調査

　現地調査には、3点セットのうちの「現況調査報告書」と「評価書」、巻き尺、筆記用具等を持参します。自分で直接現地に出向き、3点セットの内容と現場を照らし合わせて確認します。

1　評価書の内容

　住宅地図で位置を確認するには、「評価書」に記載された住居表示を使います。付近の状況欄にある町並み、環境等についても確認してください。

●目的物の位置・環境等

　画地条件の項は、特に当該土地の間口、奥行を計測して、「評価書」の記載事項と合っているのかを確認します。記載されている内容と現地の状況が万が一異なっている場合は、管轄裁判所の担当書記官に直接問い合わせてください。記載が間違っている場合も考えられます。重要なのはわからないままにしておかないことです。

　接面道路については、なるべく正確に計測する必要があります。原則として、都市計画区域内の建築物の敷地は、幅員4m以上の道路（建築基準法上の道路）に間口2m以上接しなければならないという接道義務の規制があります。道路の幅員は側溝を含みます。

　当該物件の欠陥については特記事項等に記載されていますので、気をつけてください。

●建物の概況及び利用状況

「建物の概況及び利用状況」は、建物の利用状況欄に書かれている内容が大変重要です。「現況調査報告書」の占有者および占有状況や占有者および占有権原にも、同様の記載があるはずです。再度確認してください。

競売物件について、占有者等を調査することは欠かせません。例えば占有権原を有する占有者のいる物件を買い受けた場合、買受人は所有権を取得しても、占有者を立ち退かせることはできません。裁判所に引渡命令の申立てをしても、引渡命令は出ないのです。だからこそ買受けを決める前の段階で、占有者の調査が必要になるのです。ただし、占有者に直接尋ねるわけにはいきません。外観や表札等を確認し、疑問がある場合は裁判所の担当書記官に確認してください。

2　現況調査報告書

次に現況調査報告書の資料である公図、建物図面、土地建物位置関係図等で、建物および土地の位置関係を確認してください。

土地、建物についてまとめると、以下のようになります。

土地について

- ●住居表示を確認します。
- ●接面道路は現況幅員、敷地との高低差、舗装の有無を確認します。
- ●対象土地の概況として位置、交通の駅からの直線距離を確認します。
- ●付近の状況は主に住環境、商環境について確認します（写真撮影）。

建物の状況について

- ●戸建住宅は、外観調査で建物のグレード、外壁、屋根、基礎の部分、開口部分、増改築の余地、修繕費用等について注意しま

す。
- マンションは、共用部分の廊下、エレベーター等の維持管理の状態等、管理形態（自主管理の場合は注意が必要）、管理費滞納は買受人の負担になるので注意が必要です。管理人に会って話を聞くのも一つの手です。

COLUMN

目に見えないところにも注意が必要

　土地の調査は、見えないところや、見えにくいところにも注意する必要があります。地中に埋設された施設や空中の送電線などは、うっかりすると見落とされがちです。

　対象物件の供給処理施設（電気、水道、下水道、ガスなど）について、調査表などに「有り」と記載されていても、直ちに利用可能な状態にあるのか注意しましょう。新規利用や新たな引込みに、別途費用が生じる場合もあります。また水道管等が他人の土地を経由している場合、または、他人が利用している管が当該敷地内を通っている場合、利用にあたって費用負担やトラブルが発生することもあります。

　各供給処理施設について、調査するうえでの留意点を列挙してみます。

　送電線について、送電線の鉄塔にはそれぞれナンバーが書かれていますので、それを控えておきましょう。送電線下地に建築する場合など、送電線のボルト数により建築が規制されることがあります。管轄の電力会社に問い合わせてください。

　上水道について、前面道路に配水管が埋設されていても、それが大口径の送水管の場合は、引込みができないことがあります。また送水管が道路の対面に埋設されている場合には、多額の費用がかかることもあります。現地では、水道管がどのように引き込まれているのか、公営管か、私設管か。私設管の場合は所有者が変更しても継続使用が可能か、継続に費用がかかるのか。近隣者から分配によ

COLUMN

る供給を受けていないか、また他人の所有地を経由していないか、目的外土地に至る管が当該土地に埋設されていないかなどについて、所有者や近隣者から聞きこみましょう。例えば下水道管が目的土地に埋設されていた場合は、減価の対象になります。水圧の関係で追加の工事が必要なことも考えられます。分譲地域では、管理する分譲業者に承諾料を支払ったり、同意書を得たりする必要がある場合もあるので、注意が必要です。

COLUMN

マイホームとして戸建てを選んだ場合の物件調査

　競売物件は、ほとんどが中古物件です。気長に探せば、住環境の良好な地域でしかも希望する広さの物件を、一般市場に比べて２～３割安く入手できる可能性もあります。

　マイホームとして一戸建てをねらう人もいるでしょう。手に入れた物件がそのままで住める良質な状態ならば、本当にお買い得です。通常は、リフォームや将来の建替えを考えておく必要があります。そのためには、土地に対する規制を調べなければなりません。

　評価書の中の「対象土地の概況、利用状況」を見てください。「主な公法上の規制」欄に、法律による規制の内容が記載されています。

　まず、都市計画区分は、家を新築できる市街化区域に所在する物件を選びましょう。用途地域は居住性を重視し、低層住居系の用途地域が理想的です。用途地域により、ある程度町並みが予想できます。

　それから接道義務と画地条件に問題はないのか、「接面道路等」で確認してください。建て替える場合にセットバックが必要になるのかどうかも、注意しなければいけません。

　また、買受希望の段階では建物の内部を見ることはできません。評価書と現況調査報告書の記載内容や、添付資料から判断することになります。添付資料には、①位置図（対象不動産、交通機関の最寄りの駅、価格査定の参考とした公示地点、公共施設等を示した地図）、②登記所で取得できる公式資料の公図（土地の区画（筆界）、

COLUMN

土地の大まかな位置、形状、隣地関係、道路の位置関係を明確に示した公的資料の土地の図面)、③地積測量図（土地の形状、地番、地積を法的に確定したもの）、④実測図（土地を実測し、製図したもの。測量図とも呼びます）、⑤建物図面（建物の位置、形状等を表示したもの）、⑥各階平面図（建物の各階の形状と床面積等を表示した図面）――などがあります。これらは、公的図面で精度の高いものですから、十分信頼がおけます。この他に添付資料として⑦私的な間取り図、⑧建物内部の写真がありますので、これらで内部の様子をうかがうしかありません（内覧制度はありますが、利用できるのは債権者に限られています）。

　間取り図と建物内部の写真で、必要なリフォームの内容についても見当をつけます。外壁の大きなひび、ゆがみ、外壁と窓枠の隙間、基礎のひびや土台の傷み、木材の腐りなどは、注意すれば外部からでもある程度はわかると思います。間取りからは、日照、通風、家族全体の使い勝手を考えましょう。間取り図と建物内部の写真を基に、リフォームの大まかな費用について、専門の業者や設計士等に見積りをお願いしておいたほうがよいと思います。

　建物の仕様および使用資材等については、評価書の「建物の概況及び利用状況」に記載がありますが、ビニールクロス、フローリング、タイル貼り等、大まかな内容です。資材名が同じでも種類により価格に大きな差があります。添付された写真等でできるだけ確認してください。

　また建物の内覧ができる場合には、壁のひび、天井、壁の雨漏り跡、床が沈むところがないか、床の傾き（ボールなどをころがしてみるとよくわかる）、ドアや窓がスムーズに動くか、押入れのすみにカビがないか、水回りの状態、部屋の日照、通風、排水設備の状態、収納スペース、コンセントの位置や数、電気、ガス、水道、給湯器の作動状態等を確認することです。

マイホームとしてマンションを選んだ場合の物件調査

　中古マンションは、立地条件や利便性が良好で、価格的にもお買い得な物件があり、大変魅力的です。

　中古マンションを選ぶ際にまず注意するべきなのは、建築年度です。昭和56年にマンションの耐震基準が大幅に見直され、規制が強化されました。それ以降に建てられたマンションは、構造的には最低限安心できる物件だといえます。それでも築20年を超えたようなマンションについては、細心の注意を払っていろいろな角度から検証する必要があるでしょう。

　その後、平成7年に阪神・淡路大震災が起き、耐震および免震装置や構造が大幅に進歩したことも、覚えておくとよいでしょう。

　将来売却することも考えると、立地条件は良好なものが有利です。駅や商店街へは徒歩10分以内が理想的です。周辺の環境、物件の外観、将来的に日照や景観の妨げになるような建物が建つ可能性はあるかなどについて、よく調べましょう。

　中古マンションは新築と違い、実際に現物を見て選べるという点で有利です。マンション全体やエントランスに高級感があるか、共用部分の廊下の幅は十分か、天井の高さはどうか（通常2m50cm前後）、管理の状態はどうか、注意深く観察しましょう。「マンションは管理を買え」といわれるとおり、共用部分の管理等にも注意を払います。管理形態には、管理会社にすべてを任せる全部委託管理、管理会社に一部を委託する一部委託管理、住民が自主的に管理する自主管理などがあります。管理人の勤務形態には、常勤、日勤、巡

COLUMN

　回等があります。それらのほかに、居住以外の目的で使用している住戸はあるのか、エレベーターの数は十分か（平均40戸に1台）などを調べましょう。外壁のひび割れ、大規模修繕の実施履歴、積立金の額、管理費の滞納の有無なども調査します。エントランスがオートロックかどうか、防犯カメラは設置されているのか、CATV、インターネットの設備はどうなっているのかなども確かめる必要があります。

　また、専有部分を内見できる場合は、キッチン、風呂場、洗面所等の水回りが十分作動するか、給排水時に異音がないか、日当たりや通風は十分か、窓からの視界や景観はどうか、上階や隣の住戸の音はどれくらい聞こえるのか、押入れのカビ（水漏れなどによる）の有無、電気、電話などのコンセントの位置、数、押入れ、収納のスペースは十分か、使いやすい間取りか、リフォームは可能かなどについて調べます。

第2章 法務局調査

法務局では、登記事項証明書、公図、建物図面、地積測量図等の公的資料を閲覧したり、取り寄せたりすることができます。

競売物件を詳しく調べるには、外部から観察するだけでは足りません。目には見えない、当該物件の複雑な権利関係まで調べる必要があるからです。

権利関係は、法務局にある登記記録(登記簿)で調べることができます。登記事項証明書には、不動産の面積、所有者の確認、差押え、抵当権の有無などが記載されています。

登記記録(登記簿)は、1筆(1区画)の土地または1個の建物ごとに、表題部と権利部に区別して作成されています。権利部はさらに甲区と乙区に区分され、甲区には所有権に関する登記事項が、乙区にはそれ以外の登記事項が、それぞれ記載されています。

登記記録は、だれでも閲覧したり、登記簿と同じ内容の記載された登記事項証明書を取得したりすることができます。

かつては、遠方の物件の場合、管轄する法務局まで出向いて登記簿謄本や抄本を閲覧し、取得する必要がありました。現在はコンピューター化が進み、遠隔地にある物件の登記事項証明書を、自宅や事務所近くの法務局で取得することができるのです。

登記事項証明書に記載されている内容

　●表題部
　　土地の場合＝土地の表示、所在、地番、地目、地積、登記原因

日付などが記載されています。

建物の場合＝所在、家屋番号、種類、構造、床面積、登記原因日付、敷地権の表示などが記載されています。

区分所有建物（マンション等）の場合＝所在、家屋番号、建物の番号、種類、構造、床面積、専有面積、登記原因日付、敷地権の表示などが記載されています。

●権利部（甲区）

権利部（甲区）には、所有権に関する事項が記載されています。例えば所有権の順位番号、登記の目的（所有権）、受付年月日、原因、権利者その他の事項などです。所有者の氏名や、いつどのようにして所有権を取得したかなどがわかります。所有権に関する仮登記、差押え、仮処分等も記載されます。

●権利部（乙区）

権利部（乙区）には、所有権以外の権利に関する事項が記載されています。例えば抵当権、地上権、地役権等の場合の順位番号、登記の目的（抵当権、地上権、地役権等）、受付年月日、原因、権利者その他の事項などです。当該物件の複雑な権利関係を確認することができます。

そのほか、競売物件の位置関係については公図、建物図面、地積測量図、17条地図（現在の14条地図）などの公的資料（写）および民間の住宅地図（ブルーマップ）によって現場と照らし合わせて確認します。

なお、ダウンロードした３点セットにはこうした公的資料の一部しか添付されていません。裁判所には物件記録簿がありますが、買受希望の段階では閲覧できません。念のために自分で取得しておくことをお勧めします。

第**4**編 不動産の調査の方法

第**3**章 役所調査

　役所では3点セットの「評価書」に記載されている公法上の規制（用途地域、建ぺい率、容積率）や、付近に都市計画道路、都市計画公園等の予定がないかなどを、都市計画図を見ながら確認します。専門的な内容なので、行政官庁の担当者に直接確認することをお勧めします。

　例えば東京23区の場合は、区役所の建築指導課、街づくり課、都市計画課（あるいは類似した名称の課）に3点セットの資料を持参します。土地の場合は、どのような用途の建物を建てることができるのか、建ぺい率や容積率はどのくらいなのか、建物の場合は法律に適合しているのかどうかなどについて、行政庁の担当者から説明を受けることが大切です。

　自分が調査した内容と3点セットの記載が異なっていた場合や、疑問に思う箇所があった場合には、裁判所の書記官に問い合わせるようにしましょう。わからないままにしておかないことが大切です。

●公法上の規制
　①都市計画区分、②用途地域、③建ぺい率、④容積率、⑤防火規制について調べます。
●都市計画
　都市計画調査は、都市計画課で販売している都市計画図全般について確認します。
●接面道路

接面道路については、接道しているのが建築基準法上の道路かどうか、道路№、道路の名称等について確認します。
●供給処理施設
　供給処理施設（上水道、簡易水道、都市ガス、プロパンガス、本下水、浄化槽等）については、対象不動産の現状と、将来利用可能になる供給処理施設を調査します。

第 **5** 編

希望する物件の相場（時価）

第1章 4つの公的評価額

1 不動産は"一物四価"

　競売物件を買い受けるにあたって、希望する物件の相場（時価）を調べる必要があります。そこから落札価格を予想することが可能になるからです。

　不動産の価格については、まず公的評価として、国土交通省が発表する地価公示価格、都道府県基準地標準価格、総務省が発表する固定資産税評価額、財務省国税局が発表する路線価があります。一物一価、すなわち一つの物には一つの価格が成立するというのが経済の原則です。ところが不動産の価格は、一物四価といわれるように、公的なものだけで4つもあるのです。

　地価公示価格は、毎年1月1日時点の価格について、3月下旬頃に官報に公表されます。全国約2万6,000カ所について、国土交通省から委嘱された不動産鑑定士が鑑定評価を行います。

　都道府県基準地標準価格は、毎年7月1日時点の価格について、9月下旬頃に公表されます。各都道府県の約2万2,000カ所について、不動産鑑定士が鑑定評価を行います。

　国税局発表の相続税路線価は、市街地内にある宅地について、相続税、贈与税を計算する際の基準として使用されるものです。主要な路線（道路）ごとにその路線に面する宅地1㎡当たりの価格を定め、宅地の価格をこの路線価を基準に評価しようとするものです。

　固定資産税評価額は、各市区町村が土地や建物に課税する際の評価額です。固定資産税、都市計画税、不動産取得税等の税額の基礎

となるものです。

　地価公示は、一般の土地の取引価格に対して指標を与え、公共用地の取得価格の算定に資するとともに、不動産鑑定士が土地についての鑑定評価を行う場合の基準等となることにより、適正な地価の形成に寄与することが目的とされています。

　さらに、公的土地評価の均衡化、適正化の観点から、相続税評価や固定資産税評価の目安として活用されているとともに、土地の再評価に関する、国有財産、企業会計の販売用不動産の時価評価の基準として活用されることにもなっています。これは国土交通省の公式コメントです。

　かつては、地価の騰勢に対して歯止めとなるという役割を担っていましたし、公共用地の取得価格の算定にも大きな役割を果たしました。ただし一定の政策的役割を持った価格であったために、実際に取引される価格である実勢価格とはかけ離れたものでした。

　それまでバラバラで関連性の弱かった公的土地評価相互のギャップを埋めるため、固定資産税評価額は、平成6年の評価替えの年から地価公示価格の水準の7割程度を目標に、相続税路線価は、地価公示価格の水準の8割程度を目標にして、それぞれ定められるようになりました。念願の公的評価の均衡化と統一化が実現したのです。相続税路線価をおおよそ8割で割り戻せば、地価公示の評価額の水準がわかります。

　公的評価のほかには、不動産業者、地元の事情精通者等からの聞き込みも、実際の相場を知るうえでは大切です。公的評価は政策目的の要素が強く、一方で実勢価格は常に変動しています。公的評価だけからでは、実勢価格を把握しきれないのです。現地調査の際に、近隣の業者など3〜4軒から聞き取りを行えば、おおよその相場は見当がつけられるはずです。

2　不動産競売の価額について

　さて、おおよその相場を把握したところで、落札価額の予想に入ります。希望する物件の落札価額が、市場価格（時価）に対してどのくらいの金額になるのかを予想し、現実的な入札金額を決めなければなりません。

　不動産競売の価額は、まず裁判所が売却基準価額を決定します。この売却基準価額は、売却物件を不動産の専門家（裁判所が選任する評価人）が徹底的に調査した結果を反映し、決められた価格です。当該物件の持つ物的欠陥、法的欠陥および競売市場の持つデメリット等をすべて差し引いた価格です。また、売却基準価額のベースは地価公示価格です。結果として、通常の不動産の場合、市場価格（時価）の6～7割の価格で売りに出されることになります。当然のことですが、欠陥の多い物件は売却基準価額が低く、欠陥の少ない物件は売却基準価額が高くなります。ちなみに入札金額は、売却基準価額の8割にあたる買受可能価額以上でなければ、有効とはなりません。

　落札価額の予想に役立つ情報として、裁判所で全国過去3年間の落札のデータ（当該物件の入札数、売却価格、売却基準価額）が閲覧できます。これらによって、売却基準価額の何倍で売却されたのかがわかります。同時に、どのような物件の人気が高いのかも知ることができます。ただし、そうした人気物件ばかりを追いかけるのはあまり得策ではありません。買受けにあたって大切なことは、自分の希望する物件の予算をしっかり立てることと、その物件の相場（時価）を把握することです。それに加えて、買受け後どれだけの出費がかかるのかなどを検討したうえで、入札価額を決めてください。落札価額を予想するのは簡単ではありません。ちなみに過去のデータによると、通常の物件であれば売却基準価額の1.2～1.3倍程度で落札しているケースが多く見られます。しかしこれはあくま

でも過去のデータからうかがえる一般的な傾向にすぎません。売却基準価額が1,000万円の物件に1,500万円で入札しても、落札できないこともあり得ます。

　なお、インターネット上の『BIT』でも、売却結果の一覧が閲覧できます。

第6編

入札手続き
（期間入札）

第1章 入札の方法について

1　期間入札の場合

　競売物件の売却条件が決まると、裁判所は利害関係人（競売の当事者である債権者、債務者、所有者、配当要求をした債権者、その他の者）に公告日、閲覧開始日、入札期間、開札期日、売却決定期日、特売期間等の期間入札の通知を行います。通知は普通郵便で行われます。同時に、裁判所の掲示場にも期間入札の公告が掲示されます。平成16年の民法等の一部改正により、物件明細書、現況調査報告書、評価書の3点セットはインターネットで公開されるようになりました。買受人にとっては大変便利になったのです。

　なお、入札や買受けの方法は、裁判所によって異なる場合があります。インターネットで確認するか、管轄する裁判所に直接問い合わせてください。

　選択した物件の詳細をダウンロードすると、3点セットの最初に期間入札の公告が出てきます。この期間入札の公告に、入札手続きに必要な情報がすべて記載されています。

　例えば納入する保証額は、原則は売却基準価額の20％です。ただしそれ以上のこともありますので、必ずこの期間入札の公告を確認して、記載されている金額を入札書に記入してください。

2　具体的な入札の仕方

　まず、入札用紙を取得してください。入札用紙は裁判所（東京の場合は東京地方裁判所民事執行センター2階執行官室不動産部）で

入手できます。

　〒152-8527　東京都目黒区目黒本町２-26-14
　TEL 03-5721-6395
　受付時間　平日の午前９時〜午後５時（正午〜午後１時を除く）

　入札用紙は、①入札書（期間入札）、（単独入札用はピンクの用紙です。２人以上の者が共同で入札する場合はグリーンの共同入札用の用紙を使用してください。なお共同入札には、執行官による共同入札買受許可が必要です）、②入札書を入れる所定の封筒、③入札保証金振込証明書、④２枚複写式の用紙（１枚目は裁判所保管金振込依頼書（兼入金伝票）、２枚目は、裁判所保管金振込金（兼手数料）受領書）――以上です。

３　入札金額について

　入札書に記載する入札金額は、買受可能価額（売却基準価額の８割）以上でなければ有効とはなりません。物件によっては上記の価額以上に設定されていることもあります。必ず期間入札の公告を確認し、記載されている買受可能価額以上の金額を記入するようにしてください。

４　入札期間について

　期間入札における買受けの申出の手続きは、期間入札の公告に記載されている入札期間内に行わなければなりません。入札書を執行官に直接差し出す方法の場合、例えば東京地方裁判所は、入札期間内の午前９時から午後５時まで（正午〜午後１時を除く）、執行官室不動産部で入札を受理しています。

　入札書を郵送する方法の場合は、開札期日を記載した所定の封筒に入札書を入れて封をします。この封筒をさらに別の封筒に入れ、書留郵便等で、入札期間内に届くように送付してください。入札期

間を過ぎてから執行官に到着したものは無効となります。多くの裁判所は、受付は入札期間の最終日の執務時間終了までとしています。それまでに執行官室に郵便が届くようにしないと、入札が無効になる可能性がありますので注意してください。

5　入札書の作成・入札書の提出

　保証金は入札期間満了までに裁判所専用の「振込依頼書」で振り込んでください。保証金の額は「期間入札の公告」に記載されている「買受申出保証額」を確認してください。

　「入札書（期間入札）」（単独入札の場合はピンク色の用紙、共同入札の場合は緑色の用紙）に「事件番号」と「物件番号」を記入してください。裁判所の「期間入札の公告」に記載された内容をそのまま書いてください。

　共同入札が行えるのは、夫婦、兄弟、親子等の親族および当該競売物件の賃借人等の利害関係人に限られます。さらに、事前に執行官の許可が必要です。

　代理人に入札を依頼する場合には、委任状が必要です。なお、入札の書類を提出するだけであれば、委任状は必要がありません。

　入札価額の欄には、自分で希望する落札価額を算用数字で記載します。1円単位です。訂正は認められません。また、「期間入札の公告」に記載された買受可能価額以上の価額でなければなりません。それ以下の価額を記載した場合、入札は無効となります。

　「入札書在中」と記載された入札封筒に入札書のみを入れて糊で封をし、必要書類を添付して提出します。

　使用した印鑑は、引渡申出や訂正等の際に必要となるので大切に保管してください。

　●添付書類
　添付書類（証明書類は、いずれも、入札する日において発行後3

カ月以内のもの）
    イ　法人の場合　代表者の資格証明書、または登記事項証明書（現在事項全部証明書）など
    ロ　個人の場合　住民票
    ハ　代理人による場合　代理委任状（代理人が法人の場合は代表者の資格証明書、または登記事項証明書）

　郵送の場合は書留郵便で送ります。できれば裁判所に持参することをお勧めします。受付で不備をチェックしてもらえます。なお、入札書に使用した印鑑を持参することに注意しましょう。
　入札手続きは執行裁判所ごとに異なることがありますので、所轄の裁判所にお訊ねください。
　●無剰余の保証金が積まれている場合
　仮に競売を行ったとしても、競売を申し立てた債権者に売却代金の配当がいかないと見込まれる事件については、売却手続きは取り消されます。それでも競売を実行したい申立人は、保証金を納める必要があります。
　こうした物件の買受希望者は、売却可能価額ではなく、上記保証金以上の額で入札しなければ有効とはなりません。
　この場合は、売却の公告等に申出があり、金額が記載されています。担当書記官に確認することが必要です。入札できなかった場合、保証金は返還されます。入札の取消し、入札金額の変更等は一切できません。

（期間入札の公告書式①）

平成　年（ケ）第　　号

期 間 入 札 の 公 告

平成●年●月●日
東京地方裁判所民事第21部
裁判所書記官

別紙物件目録記載の不動産を下記のとおり期間入札に付します。

記

入札期間		平成●年●月●日から 平成●年●月●日まで
開札期日	日　時	平成●年●月●日　午前　9時30分
	場　所	東京地方裁判所民事執行センター売却場
売却決定 期日	日　時	平成●年●月●日　午前11時00分
	場　所	東京地方裁判所民事第21部
特別売却 実施期間		平成●年●月●日から 平成●年●月●日まで
買受申出の保証の提供方法		下記のいずれかによる。 （1）当裁判所の預金口座に金銭を振り込んだ旨の金融機関の証明書。 （2）銀行、損害保険会社、農林中央金庫、商工組合中央金庫、全国を地区とする信用金庫連合会、信用金庫又は労働金庫の支払保証委託契約締結証明書。
買受申出の資格の制限（民事執行規則33条）		☆印を付した物件は農地であるので、権限を有する行政庁の交付した買受適格証明書を有する者及び買受けについて農地法上の許可又は届出を必要としない者に限り、買受申出をすることができます。
一般の閲覧に供するため、物件明細書・現況調査報告書・評価書の各写しを平成●年●月●日から当庁物件明細書等閲覧室に備え置きます。		

入札手続き（期間入札） 第**6**編

（期間入札の公告書式②）

物件番号	売却基準価額（円） 買受可能価額（円）	一括売却	買受申出保証額（円）	平成22年度	
				固定資産税（円）	都市計画税（円）
1〜3	29,700,000 23,760,000	一括	5,940,000	80,505	24,230
1	3,380,000				
2	5,420,000				
3	20,900,000				
備　考					

181

入 札 書 （ 期 間 入 札 ）

東京地方裁判所執行官　殿　　　　　　　　平成　　年　　月　　日

事件番号	平成　　年（　　）第　　　　号	物件番号	

入札価額	百億	十億	億	千万	百万	十万	万	千	百	十	一
											円

入札人	本人	住　所（法人の所在地）	〒　　－
		（フリガナ）	
		氏　名（法人の名称等）※法人の場合，代表者の資格及び氏名も記載すること。	㊞
			日中連絡先電話番号　　　（　　）
	代理人	住　所（法人の所在地）	〒　　－
		（フリガナ）	
		氏　名（法人の名称等）※法人の場合，代表者の資格及び氏名も記載すること。	㊞
			日中連絡先電話番号　　　（　　）

注　　意

1. 入札書は，一括売却される物件を除き，物件ごとに別の用紙を用いてください（鉛筆書き不可）。
2. 事件番号及び物件番号欄には，公告に記載された番号をそれぞれ記載してください。事件番号及び物件番号の記載が不十分な場合，入札が無効となる場合があります。
3. 入札価額は算用数字ではっきりと記載してください。入札価額を書き損じたときは，新たな用紙に書き直してください。
4. （個人の場合）　氏名及び住所は，住民票のとおり正確に記載してください。
　（法人の場合）　名称，所在地，代表者の資格及び氏名は，資格証明書（代表者事項証明，全部事項証明等）のとおり正確に記載してください。
5. 代理人によって入札するときは，本人の住所（所在地），氏名（名称等）のほか，代理人の住所（所在地），氏名（名称等）を記載し，代理人の印を押してください。
6. 入札書を入れた封筒は，必ず糊付けして密封してください。
7. 一度提出した入札書の変更又は取消しはできません。
8. 資格証明書，住民票，委任状，振込証明書等は，必ず入札書とともに提出してください。
9. 振込証明書によって保証を提供する場合の金融機関への振込依頼は，必ず，「電信扱い」又は「至急扱い」としてください。翌日扱い等の事由により，入札期間後に入金された場合，入札が無効となります。

6　保証金の納付

期間入札の公告に記載されている買受申出保証金の納付をする必要があります。この保証金は通常、売却基準価額の２割とされています。ただしそれ以上のこともありますので、必ず期間入札の公告に記載された買受申出保証金の金額を確認して、記入してください。万一記載された金額に満たない金額を納入した場合は、入札は無効となりますので注意してください。

7　保証金の返還

開札後、落札できなかった人（最高価買受申出人および次順位買受申出人以外の人）の保証金は返還されます。振込送金の場合は、入札保証金振込証明書に記載した振込先指定口座に振り込まれます。支払保証委託契約締結証明書の場合は、開札期日終了後に受領書と引換えに返還されます。

8　入札後の手続き

入札から代金納付期限通知までの流れは次のとおりです。

●入札期間
　　↓
●開札期日（最高価買受人の決定）
　　↓
●売却許可決定
　　↓
●売却許可決定確定
　　↓
●買受人に「代金納付期限通知」を送付する

9　開札

　開札は、「期間入札の公告」に記載された日時、場所で行われます。執行官が入札書を開封し、物件ごとの入札結果を読み上げます。最高価買受申出人と次順位買受申出人の氏名と入札価額が読み上げられ、最高価買受申出人が決定されます。

　次順位買受申出人は、競売場の現場で執行官に申し出て、次順位買受申出人が決定されます。最高価買受申出人が代金納付期限までに代金を納付しなかった場合に、売却許可決定を受ける資格を得られます。最高価買受申出人が2人以上の場合は、再度期日入札の方法で追加入札を行います。前回の入札価額以上の入札となります（同額可）。なお、開札期日に来場する必要は必ずしもなく、結果は電話での問い合わせや、『BIT』システムから調べることも可能です。

10　特別売却の場合

　特別売却は、競争入札によらないで、期間中に最初に買受けを申し出た人に売却するものです。期間入札で入札がなかった物件が対象です。なお、欠陥の多い物件が残っている可能性も高く、注意が必要です。適法な買受申出書を、最初に執行官に提出した人が買受申出人となります。期間入札と同様、買受申出の際に「買受申出の保証金」を納付する必要があります。納付は現金がよいでしょう。

11　特に買受けに問題のある物件について
（1）買い受けた物件に重大な瑕疵がある場合

　例えば、物件明細書に、「売却対象外の土地につき、本件建物のために法定地上権が成立する」とあるのに、実際には成立しなかった——などといった場合です。このような場合は、重大な瑕疵があるものと思われます。対応について、売却手続きに沿って説明しま

す。
- ●売却許可決定前であれば、売却不許可の申出をし、売却不許可決定を得ることで納付した保証金の返還を受けられます。
- ●売却許可決定後であれば、その決定後1週間以内に売却許可決定に対する執行抗告の申立てを行い、売却許可決定の取消しを得ることで納付した保証金の返還を受けられます。
- ●売却許可決定が確定した後で、代金納入前であれば、売却許可決定取消しの申立てをして、売却許可決定の取消しの裁判を受けて、納付した保証金の返還を受けられます。
- ●売却許可決定が確定した後で、かつ代金納入後となると、瑕疵担保責任を追及することになります。訴訟になり、時間と費用がかかるうえ、納入した代金は戻らないと思ったほうがよいでしょう。

(2) 借地権付き建物を買い受けた場合

　借地権付き建物を買い受けた場合、建物の所有権移転とともに土地賃借権も移転します。この際に、地主（土地賃貸人）の承諾が必要となります。地主の承諾が得られない場合、地主に対して建物買取請求権を行使することも可能です。ただし、この場合の建物価格には借地権価格は含まれません。

　そこで大抵の場合、借地権設定者の承諾に代わる許可の申立てを裁判所に行い、許可を得ます。この申立ては代金支払い後2カ月以内にしなければなりません。調停前置主義ですので、まず調定の申立てをする必要があります。調停の申立てが代金支払い後2カ月以内であり、かつ調停不成立から2週間以内であれば、代金支払い後2カ月以上経っていても、借地権設定者の承諾に代わる許可の申立てができます。

（3）建物のみの売却の場合

　競売物件の中には、建物のみが売却されるものもあります。その際に問題となるのは、敷地利用権原です。建物は敷地がなければ存続できません。

　敷地利用権原には法定地上権、借地権、使用借権等があります。

　法定地上権付き建物の買受人は、当該法定地上権を敷地所有者に対抗できます。

　借地権付き建物の買受人は、土地借地権を譲り受けることになりますが、地主（土地賃貸人）の承諾が必要です。承諾が得られない場合は、前記（2）に記載されているような対応が考えられます。地代の滞納があると、敷地所有者から借地権を解除されてしまう可能性があります。このような場合、買受人は裁判所の許可を得て地代を代払いすることも可能です。

　使用借権は、敷地所有者が当該建物の所有者のみに使用を認めたものです。買受人は、敷地所有者に敷地利用権原を主張できません。

（4）共有持分のみの売却の場合

　競売物件の中には、共有持分のみが売却されるものもあります。通常共有持分は、親子間、夫婦間等の親密な間柄で成立するものです。そうした間柄であれば、自己使用をする場合にも共有者全員の合意は得やすく、特に問題はおきません。しかし、債務者の債務不履行等で共有持分が競売にかけられた場合、買受人と他の共有者との間に親密な関係はありません。したがって、共有者全員の合意を得ることはほとんど不可能であり、自己使用できる可能性はかなり低いと思われます。共有持分のみの競売物件は、買受けには適さないといえるでしょう。

（5）売却対象外の建物が存在する土地（底地）の売却の場合

更地（何もない土地）に抵当権を設定した後に建物が建てられた場合や、土地と建物の所有者が異なる場合などに、売却対象外の建物が存在する土地（底地）が競売にかけられることがあります。売却対象外の建物が存在する場合、敷地利用権原の有無にかかわらず、建物を収去させるには訴訟による必要があるでしょう。時間と費用がかかるため、一般の買受けには適しません。

12　金融機関のローンを利用する場合

1　ローンを利用する場合と通常の競売手続きとの違いは、買受代金の支払い方法のみです。
2　ローンを利用する場合は、あらかじめ金融機関とローン契約を結ぶことが必要です。
3　以下の書類が必要です。代金納付日の5日前までに申し出ます。
　A　民事執行法82条2項の規定による申出書
　B　指定書
　C　受領書
　D　届出書

　競売物件の代金は一括納付が原則です。ただし民事執行法の改正により、平成10年末に銀行ローンを利用することが可能となりました。民事執行法82条2項により、抵当権設定登記と所有権移転登記が同時に行えることになったためです。
　その後平成11年7月からは、住宅金融公庫（現・住宅金融支援機構）のローンも利用可能となりました。
　銀行ローン手続きの流れは以下のとおりです。
　①　買受人と抵当権を設定する金融機関が共同で、登記申請代理を業とする司法書士または弁護士を指定します
　②　指定された司法書士または弁護士は、登記嘱託書の交付の申

出書を裁判所に提出します
③　指定された司法書士または弁護士は、裁判所から登記嘱託書を受領しそれを登記所に提出します
④　以上により、抵当権設定登記と所有権移転登記が同時に行えることになり、ローン利用が可能となります

13　ローンを利用する場合の問題点

　裁判所は、住宅ローンの斡旋は行いません。買受人は買受希望物件があれば、早めに金融機関に相談することです。ただしローンの不成立は、代金納付期限の延期および売却許可決定の取消しの理由にはならないことに注意する必要があります（保証金は返還されません）。

　また、ローンを利用するにあたり、もう一つ大きな問題があります。買受希望者は、裁判所が公開する３点セットを見て、入札するのかどうかを決めるのが一般的です。ただし３点セットが公開されるのは、早くても入札開始１〜３週間前です。仮に３週間前だったとしても、買受希望者が３点セットを見てから物件を探し、調査をし、金融機関に相談に出向いてローンの決裁を受けるには、期間が短すぎるのです。ローンの利用が一般的になるには、この問題が解決される必要があります。近い将来、必ず解決されるものと思います。現状は、つなぎ融資を行う金融機関もありますので、どうしても銀行ローンを利用したい場合には、事前に取引先の金融機関と十分に打ち合わせをし、なんらかの対策をとる必要があります。

民事執行法82条2項の規定による申出書

平成○年○月○日

東京地方裁判所民事第21部裁判所書記官 殿

東京都新宿区○○×丁目×番×号
申出人（買受人）○ ○ ○ ○　㊞
東京都千代田区○○×丁目×番×号
申　出　人　株式会社△△銀行
代表者代表取締役　○ ○ ○ ○　㊞

貴庁平成○年（ケ）第○○○○号担保不動産競売事件について、申出人（買受人）○○○○と申出人株式会社△△銀行との間で、別紙物件目録記載の不動産に関する抵当権設定契約を締結しました。
つきましては、民事執行法82条1項の規定による登記の嘱託を、同条2項の規定に基づき、申出人の指定する下記の者に嘱託書を交付して登記所に提出させる方法によってされたく申し出ます。

記

申出人の指定する者の表示及び職業
東京都港区○○×丁目×番×号　△△司法書士事務所
　司法書士　○ ○ ○ ○
　（電話　03-××××-××××）

添付書類
1　資格証明書　　　　　　　　1通
2　抵当権設定契約書写し　　　1通

以　上

※1　物件目録を別紙として添付してください。
※2　申出書の作成印は、買受人については入札書作成印または実印（印鑑証明書添付）を使用してください。
※3　申出人の指定する者の連絡先（電話番号等）を付記してください。
※4　買受人から代表者の資格を証する文書（資格証明書等）を添付してください。なお、抵当権設定は、代表者の資格を証する者が法人であるときは、資格証明書の写しを添付してください。
※5　申出人の買受人印が実印であって、入札書作成印と異なる場合は、印鑑証明書を添付してください。

指　定　書

平成○年○月○日

東京地方裁判所民事第21部裁判所書記官 殿

東京都新宿区○○×丁目×番×号
申出人（買受人）○ ○ ○ ○　㊞
東京都千代田区○○×丁目×番×号
申　出　人　株式会社△△銀行
代表者代表取締役　○ ○ ○ ○　㊞

申出人は、貴庁平成○年（ケ）第○○○○号担保不動産競売事件の別紙物件目録記載の不動産について、民事執行法82条2項の規定に基づき、嘱託書の交付を受ける者として下記の者を指定します。

記

申出人の指定する者の表示及び職業
東京都港区○○×丁目×番×号　△△司法書士事務所
　司法書士　○ ○ ○ ○
　（電話　03-××××-××××）

以　上

※1　物件目録を別紙として添付してください。
※2　指定書の作成印は、[別紙1]と同一のものを使用してください。

受領書

東京地方裁判所民事第21部裁判所書記官 殿
平成○年○月○日

東京都港区○○×丁目×番×号 △△司法書士事務所
司法書士 ○○○○ 印

貴庁平成○年(ケ)第○○○○号不動産競売事件の別紙物件目録記載の不動産について、民事執行法82条2項の規定に基づき、申出人の指定する者として、下記の書類を本日受領しました。
なお、これらの書類については、運搬なく登記所に提出いたします。

記

1 登記嘱託書 1通
2 登記嘱託書副本 1通
3 売却許可決定正本 1通
4 固定資産評価証明書 1通
5 住所証明書 1通
6 登記済証還付のための返送料添付の返送用封筒 1通

以 上

※物件目録を別紙として添付して下さい。
※ 司法書士等の事務員が来庁する場合には、下記の書類を添付して下さい。
  1) 司法書士等の事務員であることの職員証明書(司法書士等作成)
  2) 本件の嘱託書を受領することを委任する旨の委任状(司法書士等作成)
  3) 事務員の身分証明書(補助者証、免許証等)

届出書

東京地方裁判所民事第21部裁判所書記官 殿
平成○年○月○日

被指定者
東京都港区○○×丁目×番×号 △△司法書士事務所
司法書士 ○○○○ 印

貴庁平成○年(ケ)第○○○○号担保不動産競売事件の別紙物件目録記載の不動産について、民事執行法82条2項の規定に基づき受領した下記の書類について、平成○年○月○日東京法務局○○出張所に提出いたしましたので、民事執行規則58条の2第4項の規定に基づき、その旨を届け出ます。

記

1 登記嘱託書原本 1通
2 登記嘱託書写し 1通
3 固定資産評価証明書 1通
4 住所証明書 1通
5 登記済証返還用封筒(返送料添付) 1通

以 上

※物件目録を別紙として添付してください。

借地権

借地権付き建物を買い受ける場合

競売で借地権付き建物を買い受けると、建物に従属する権利である土地借地権も買い受けることになります。借地権は多くの場合、地上権ではなく賃借権なので、借地権設定者（土地所有者）の借地権譲渡の承諾が必要になります。買い受けるときの地代、残存借地期間などの条件は、原則として従前の条件を引き継ぐことになります。

競売・公売に伴う土地賃借権譲受許可の申立て

買受人は、地主の承諾および承諾料について、地主と交渉することになります。無事に承諾が得られれば問題はありませんが、承諾が得られないことも考えられます。そうした場合、借地権譲渡の借地権設定者の承諾に代わる許可の申立て（借地非訟事件）を行い、裁判所の許可を受ける必要があります。

申立ては、代金納付から2カ月以内に行うよう定められています。一方で調停前置主義に基づき、訴訟を行う前に調停を行わなければなりません。買受人が地主に対して、土地賃借権の譲受けの承諾を求める民事調停を、代金納付から2カ月以内に申し立てていて、なおかつ、調停不調の通知から2週間以内であれば、代金納付から2カ月が過ぎていても、借地非訟事件の申立てができます。

COLUMN

承諾料の額

　裁判で地主に代わる承諾の許可を受けた場合、地主に承諾料を支払う必要があります。承諾料の額については裁判所が決めます。借地非訟事件の蓄積された資料によると、例えば、東京都内所在の借地権割合8割の借地については、承諾料の額は、借地権価格の1割程度の場合が多く見られます。

　更地価格が1坪100万円の場合、借地権価格はその8割で80万円、承諾料はその1割ですから、1坪8万円程度ということになります。

　競売物件については、承諾料等は売却基準価額を決める際に考慮され、承諾料相当額が控除されています。事実上、買受人の負担にはなりません。

借地権付き建物を買い受けるときの注意

　借地権について、賃貸人と賃借人との間で争いが起きているケースがよくみられます。このような場合は、当然物件明細書に記載があります。例えば、「当該借地権につき賃貸借契約解除の意思表示あり」「当借地に建物収去・土地明渡訴訟が係属中」「建物収去・土地明渡訴訟における原告勝訴判決が確定」などといった具合です。ここで注意するべき点は、係争のある物件には、地代の滞納がある場合が多くみられることです。地代の滞納は、賃貸借契約解除の理由になります。借地権付き建物を買い受けるときは地代の滞納、地代の額などについても確認しておいてください。

第7編

不動産引渡命令の手続き

ポイント整理

1. 引渡命令の申立人は、買受人および相続人（競売の買受人から転売を受けた者は引渡命令の申立てができない）
2. 申立ての対象（相手方）は、原則として、物件明細書の備考欄記載の者
3. その後の占有関係に変更があった場合には、調査報告書が必要(相手方が所有者以外の第三者の場合で、物件明細書の占有選定と異なる場合に必要となる)
4. 引渡命令の申立期間は、代金納付後6カ月以内（明渡猶予の適用のある建物の場合は、申立期間は代金納付後9カ月以内）
5. 資格証明書は、申立日より1カ月前以内に発行されたものが必要

代金納付後無事所有権は取得したものの、占有者がいて明渡しが受けられない場合は、引渡しを請求する不動産引渡命令を活用します。

　競売物件は現況のまま、すなわち占有者が居る場合にもその状態のまま売りに出されます。明渡しがスムーズに受けられないことも考えられます。所有権に基づく引渡請求訴訟を提起し、その確定勝訴判決を受けて、不動産の引渡執行を行う方法もありますが、容易ではありません。

　そこで登場するのが、不動産引渡命令です。

　不動産引渡命令の申立ての手続きは、不動産引渡命令申立書を提出するだけです。裁判所により異なることがあると思いますが、通常は書類審理で命令を取得できるはずです。訴訟に比較して、はるかに簡易な手続きです。

　民事執行法の平成15～16年の法改正により、引渡命令の対象者が大幅に拡大されました。買受人に対する権利の乱用、外形だけの占有、担保目的の賃借権、信義則に反する場合等も、厳しく排除されることになったのです。買受人は、引渡命令の正本に執行文を付与して、強制執行により不動産の占有者を排除することができます。

1　引渡命令の申立人

　引渡命令の申立人は、代金を納付した買受人です。買受人は、目的不動産を他の者に譲渡した後も、その申立資格を失わないとされています。買受人から転売を受けた者など特定承継人は、引渡命令の申立てはできません。買受人に代位して申立てをすることもできません。

　なお、売却決定確定後に相続、合併等が行われた場合、その一般承継人は引渡命令の申立てをすることができます。共同で買受人になった場合は、共同買受人全員が申立人として申立てをすることが

できます。共同買受人が単独でも申立てをすることができるとされています。

2　引渡命令の相手方となる者

引渡命令の相手方は、競売物件の所有者、または原則として買受人に対抗できる権原を有しない占有者です。

具体的には、3点セットの物件明細書の「物件の占有状況等に関する特記事項」欄に記載された者は、原則として引渡命令の相手方になります（ただし例外があります）。また、本書の引渡命令対照表（第3編）に、引渡命令の対象となると記載されている占有者も、相手方となります。

なお、引渡命令の相手方とするためには、相手を特定する必要があります。短期間に占有者が変わるような執行妨害には、買受人のための保全処分（6　保全処分について参照）のほうがよいでしょう。占有者を特定する必要がないからです。

3　引渡命令の相手方とならない者

引渡命令は、すべての占有者に発令されるものではありません。占有者の中には、買受人に対抗できる占有権原を有している占有者もいます。このような占有者は引渡命令の対象にはならず、引渡命令は発令されません。

具体的には、3点セットの物件明細書の「買受人が負担することとなる他人の権利」欄に記載されている占有者や、本書の引渡命令対照表に引渡命令の対象とならないと記載されている占有者です。

4　引渡命令の相手方となるかどうかの判断基準

引渡命令の相手方となるかどうかは、原則として3点セットの物件明細書に記載された事項を基準として判断されます。物件明細書

どおりの占有者に対して引渡命令の申立てを行う場合は、書類のみで審査します。特にほかの資料を添付する必要はありません。物件明細書の記載と異なる、競売事件の所有者以外の占有者などを相手方とする場合は、その者が買受人に対抗できる権原を有しない占有者であることを立証する報告書（申立人が聞いた話や、写真等）を添付した資料を提出しなければなりません。

5 引渡命令の申立ての期間

引渡命令の申立てのできる期間は、買受人が代金を納付した日から6カ月以内です。明渡猶予制度の適用がある建物の買受人については、9カ月以内に申し立てればよいとされています。

6 保全処分について

民事執行法上の保全処分には、売却のための保全処分と、最高価買受申出人および買受人のための保全処分の2つがあります。

売却のための保全処分は、債務者、所有者、当該物件の占有者等が、当該物件の価格を買受申出時点より減少させる行為をしているとき、差押債権者の申出により、その行為を禁止し、または一定の行為を命じることができます。申出の時期は、競売の申立てから代金納付日まで。売却のための保全処分で執行官保管の物件については、物件明細書「5　その他買受の参考となる事項」に記載されています。この欄に記載された物件について東京地裁では、買受人が、売却許可決定を得て代金納付済を執行官に証明すれば、当該物件を執行官から直接引き受けることができます。

最高価買受申出人および買受人のための保全処分については、買受申出時点の当該価格を保全するため、最高価買受申出人、買受人およびその一般承継人の申出により当該価格を減少させる行為、または引渡しを困難にする行為を禁止するための制度です。申出の時

期は売却実施終了の時（開札時）から引渡命令の執行の時まで。最高価買受申出人および買受人のための保全処分で執行官保管の物件について、東京地裁では、買受人が代金を納入し、保全処分が確定したことを執行官に証明することにより、引渡命令の執行をすることなく、執行官から直接、対象物件の引渡しを受けることができます。

7　強制執行

　引渡命令が送達され、1週間の間に執行抗告がなければ、引渡命令が確定します。買受人と裁判所との関係はここまでで終わりです。裁判所は、競売物件の明渡しを保証してはいないのです。

　買受人は物件の明渡しを求め、居住者と交渉を始めなければなりません。初回の交渉では、明け渡してほしいという意思表示をします。相手の出方次第ですが、次の交渉において明渡しの条件を提示してもよいでしょう。それでも交渉がまとまらず、反対に高額な立退き料を請求されたり、明渡しの意思がないと思われたりした場合には、いよいよ強制執行に入ります。強制執行の手続きは次のとおりです。

1　「引渡命令の正本」（債務名義）
2　執行文付与を執行官に申し立てる
3　引渡命令の正本の「送達証明」を書記官からもらう
4　執行官あてにこれらの書面を添付して、強制執行の申立てを書面で行う

　まず執行官が現場に赴き、いついつまでに家財道具等を処分して退去するようにと期限を切って催告します。通常は1カ月の猶予を与えます。それでも退去しない場合には、いよいよ強制執行の準備

です。

　執行官のほかに、立会人、執行補助者、解錠技術者（鍵のかかっている場合）、運送業者などがグループとなり、執行官の指示により執行を実施いたします。最初に執行官が中に入り、立会人、執行補助者と協力して、占有者を退去させます。

　家財道具等は運送業者のトラックで運び出します。家財道具等は占有者の所有ですから、目録を作成して記録します。執行官は、現地で買受人や買取り業者に買い取らせることもできます。判断は執行官に任されています。

　運送業者の倉庫の保管料、立会人、執行補助者、解錠技術者、運送業者等の費用は、買受人が用意します。買受人はこの費用を占有者に請求できます。ただし多くの場合、占有者は支払ってはくれません。費用はかなり高額で、物件にもよりますが、マンションの1室で50万円以上、土地付き住宅では100万円以上かかると思っておいたほうがよいでしょう。

執行妨害目的の執行抗告

　執行抗告は、裁判所の執行処分に対する不服申立てのことです。競売手続き上問題となるのは、売却許可決定についての執行抗告です。所有者、債務者、占有者などによって、売却許可決定について執行抗告が行われると、執行手続きが中断されます。売却許可決定の確定を引き延ばし、明渡しを遅らせることができるのです。

　執行抗告を行うために所有者などは、売却許可決定を告知された日から1週間以内に、執行抗告状を地方裁判所に対して提出します。執行抗告は、理由がないと判断されれば地裁で却下されますが、少しでも理由があるとなると、上級審の高等裁判所に書類が回されます。

　困るのは買受人です。地裁で2週間、高等裁判所に書類を回すとなるとさらに1〜2カ月かかり、そこでようやく審理ということになるでしょう。買受人は、売却許可決定が確定しないので代金を納付できず、所有権も取得できません。なかには買い受けてから半年以上も不動産の明渡しを受けられない、などということもあり得るのです。そうした事態を避けるためには、買受人は、占有者に若干の立退き料を支払い、交渉するという選択もあるでしょう。

　また、その間の物件の管理も問題となります。建物毀損等のおそれがある場合には、売却申立て後に即申立てが可能な「売却のための保全処分」や「買受人のための保全処分」を活用するのが最良の方法です。個別の案件については、裁判所の担当書記官に相談をしてみてください。

不動産引渡命令申立書

東京地方裁判所民事第21部 御中

平成　年　月　日

住所

申立人（買受人）　　　　　　　　㊞

担当者　　　　　　（部・課名　　　）

電話（□事業所代表・□自宅）
　（□内線・□担当部署・□携帯）

収入印紙
相手方
1名につき
500円

当事者の表示　別紙当事者目録記載のとおり

申立ての趣旨

相手方は申立人に対し、別紙物件目録記載の不動産を引き渡せ。

申立ての理由

1　申立人は、御庁平成＿＿年（ ）第＿＿号〔□不動産競売・□強制競売〕事件において別紙物件目録記載の不動産を買い受け、平成＿＿年＿＿月＿＿日代金を納付した。

2　□　相手方は、上記不動産の所有者である。
　　□　相手方は、上記不動産を何らの正当な権原なく占有している。
　　□　（　　　　　）に対し、同不動産の使用の対価につき、相当期間内にその支払がなかったため1か月分以上の支払を催告したが、相当期間内にその支払がなかった。

3　よって、申立の趣旨記載の裁判を求める。

（一戸建て用）

物件目録　　　㊞

1　所在

家屋番号

種類

構造

床面積

物件目録

(区分所有建物用)

1 (一棟の建物の表示)

　所　　在　　_____
　建物の名称　_____

(専有部分の建物の表示)

　家屋番号　　_____
　建物の名称　_____
　種　　類　　_____
　構　　造　　_____
　床　面　積　_____

　　　　　　　　　　　　印

当事者目録

申立人(買受人)
　〒　　－
　住　所　_____
　　　　　_____　印

相手方(有者)
　〒　　－
　住　所　_____
　　　　　_____

送達証明申請書

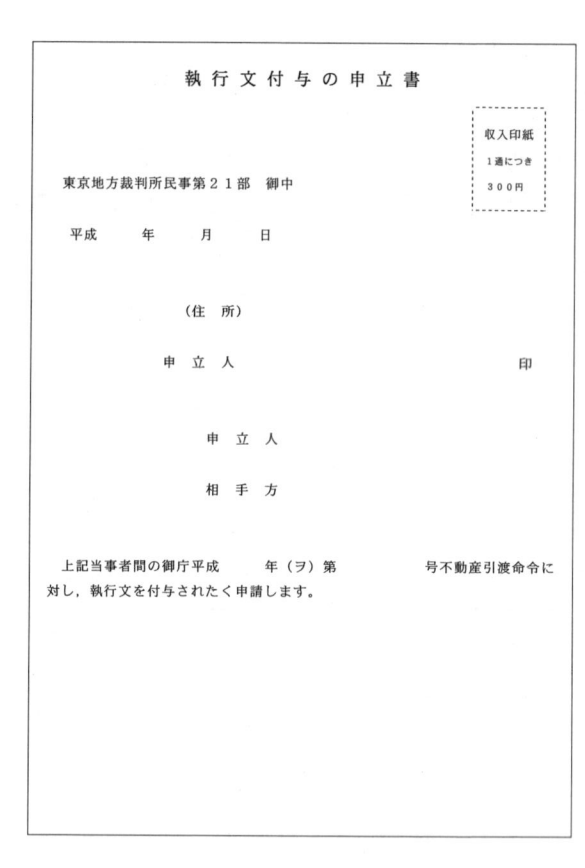

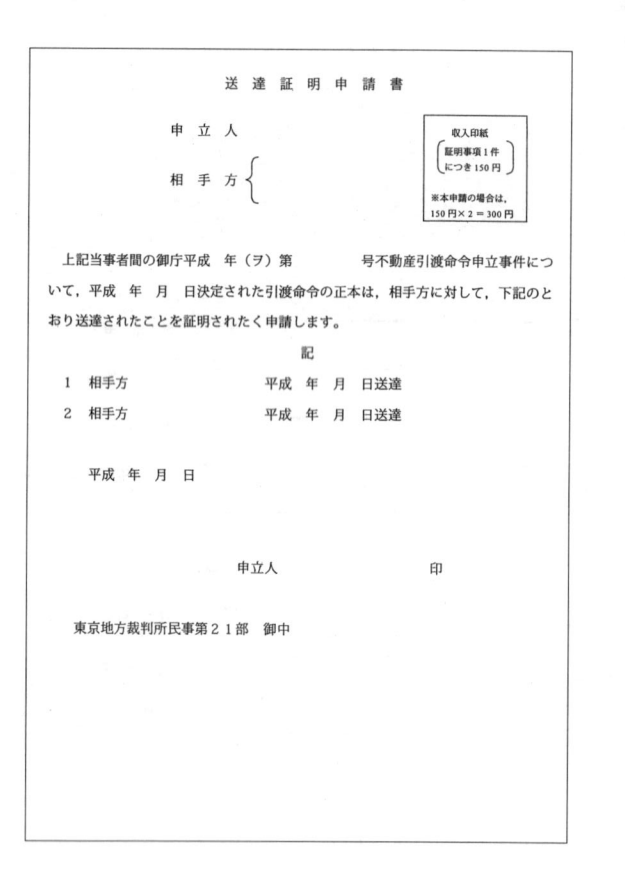

収入印紙
（証明事項1件
につき150円）
※本申請の場合は、
150円×2＝300円

申　立　人
相　手　方 ｛

上記当事者間の御庁平成（ヲ）第　　　号不動産引渡命令申立事件について、平成　年　月　日決定された引渡命令の正本は、相手方に対して、下記のとおり送達されたことを証明されたく申請します。

記

1　相手方　　　平成　年　月　日送達
2　相手方　　　平成　年　月　日送達

平成　年　月　日

申立人　　　　　　　　　　印

東京地方裁判所民事第21部　御中

執行文付与の申立書

収入印紙
1通につき
300円

東京地方裁判所民事第21部　御中

平成　年　月　日

（住所）

申　立　人　　　　　　　印

相　手　方

上記当事者間の御庁平成（ヲ）第　　　号不動産引渡命令に対し、執行文を付与されたく申請します。

訂正申立書

平成　年（ヨ）第　　　　号不動産引渡命令申立事件

訂　正　申　立　書

平成　年　月　日

東京地方裁判所民事第２１部　御中
（ＦＡＸ番号：０３－５７２１－４６７８）

申立人　　　　　　　　　　㊞

□　別紙のとおり当事者目録を訂正します。
□　別紙のとおり物件目録を訂正します。
□　申立ての趣旨を下記１のとおり訂正します。
　　記１
□　申立ての理由を下記２のとおり訂正します。
　　記２

受書

平成　年（ヨ）第　　　号（不動産引渡命令・保全処分命令・収去命令）申立事件について、下記書類（ただし、通数を記入したもの）を受領しました。

平成　年　月　日

　　書類受領者
　　　　住所
　　　　氏名　　　　　　　　　㊞

記

不動産引渡命令正本　　　　　　　　通
執行文付不動産引渡命令正本　　　　通
送達証明書　　　　　　　　　　　　通
確定証明書　　　　　　　　　　　　通
保全処分命令正本　　　　　　　　　通
収去命令正本　　　　　　　　　　　通
供託原因消滅証明書　　　　　　　　通

取下書

当事者　申立人　　　　　　　　　印
　　　　相手方

平成＿＿年＿＿月＿＿日

　　　　　　　　申立人　　　　　　　　　　　印

上記当事者間の平成＿＿年（ヲ）第＿＿＿＿号不動産引渡命令申立事件について、申立人は申立ての全部を取り下げます。

東京地方裁判所民事第21部　御中

(注) 印鑑は申立時の印鑑を使用してください。

付郵便送達の上申書・調査報告書

事件番号　平成　　年（ワ）第　　　号　不動産引渡命令申立事件

東京地方裁判所民事第21部　御中

平成　　年　　月　　日

申立人

頭書の事件について、相手方の送達先について調査した結果は次のとおりですので、申立書記載の住居所宛に付郵便による送達をしてください。

調査場所		
調査の日時	平成　年　月　日　午前・午後　時　分	
調査者		
調査場所の種類	□ビル　□集合住宅（オートロック式） □一戸建て　□店舗　□その他	
表札の有無	□有　□無	
電気・ガス・メーターの作動状況	□微動　□動いていよく動いている　□停止している □確認できない	
郵便受けの状況	□新聞・郵便物が詰まったまま放置されている　□溜留物はない □郵便受けは塞がれているが内部は確認できない　□郵便受けがない	
居住等の状況（生活感の有無）		
近隣聴取者	□家主　□管理人　□近隣者（氏名　　　　） □その他（氏名　　　　　　　　　）	
在宅・帰宅等の状況		
家財等の状況		
その他		
就業場所の有無等	□有　所在地 　　　名　称 □無または不明	

不動産引渡命令の手続き 第7編

占有移転禁止仮処分命令申立書

平成〇〇年5月11日

収入
印紙

〇〇地方裁判所民事部 御中

債権者 印

当事者の表示 別紙当事者目録記載のとおり
仮処分により保全すべき権利 建物明渡請求権

申立ての趣旨

- 債務者は、別紙物件目録記載の建物に対する占有を他人に移転し、又は占有名義を変更してはならない。
- 債務者は、上記建物の占有を解いて、これを執行官に引き渡さなければならない。
- 執行官は、上記建物の占有を保管しなければならない。
- 執行官は、債務者が上記建物の占有移転又は占有名義の変更を禁止されていること及び執行官が上記建物を保管していることを公示しなければならないとの裁判を求める。

申立ての理由

第1 被保全権利

1 平成〇〇年〇月〇日債権者は、〇〇地方裁判所(以下「〇〇地裁」という)不動産競売事件に、別紙物件目録記載の建物(本件建物)を〇〇で落札した。(甲1号証)
2 債権者は、同年5月8日、本件建物の代金を〇〇地裁で納付した。(甲2号証)
3 債権者〇〇〇〇(以下「債権者」という)は、4月25日に本件建物から立ち退くことを債務者との間で合意している。(甲3号証)
4 それにもかかわらず、債務者は本件申立日までに立ち退いていない。
5 よって、債権者は債務者に対し、甲3号証の合意書に基づいて、本件建物の明け渡し請求権を有する

第2 保全の必要性

債権者は、本件物件を 　　　との間で賃貸借契約を継続的に続んでいる事実が認められるが、債務者は、引渡命令の申立て及び引渡の執行により立ち退かなければ占有を継続するおそれがあり、その執行が不能又は著しく困難になることは明白であるため、本申立てに及ぶ次第である。

疎明方法

売却許可決定証明申請書
甲1号証 代金払込受領証
甲2号証 合意書
甲3号証 転貸借契約書
甲4号証

添付書類 甲号証写し 各1通

当事者目録及び物件目録 省略

執行抗告状

平成〇〇年〇月〇日

〇〇地方裁判所 御中

住所
抗告人 　　　 印
電話〇〇〇〇-〇〇〇-〇〇〇〇

抗告の趣旨

〇〇地方裁判所平成〇〇年(ケ)第〇〇号不動産競売事件につき、同地方裁判所が平成〇〇年〇月〇日になした不動産引渡命令の申立てを棄却する決定に対し、執行抗告をする。

原判決を取り消し、抗告人に対して、別紙目録記載の不動産の引き渡しを命ずる裁判を求める。

抗告の理由

追って、理由書を提出する。

売却許可決定証明申請書

東京地方裁判所民事第21部 御中

平成○○年 3月 1日

申請人　住　所

　　　　氏　名　　　　　　　　印

頭書平成○○年（ケ）第○○○号競売事件について、平成○○年　月
日、上記の者に対して別紙記載物件目録記載の不動産につき売却許可決定のあったことを証明されたく申請する。

第7編 不動産引渡命令の手続き

【引渡命令手続きの流れ】

```
引渡命令申立（申立人）
    ↓
    ├──────────────┐
    ↓              ↓
審尋手続（裁判所）   引渡命令発令（裁判所）
（注1）              ↓
                  引渡命令送達（裁判所）
                    ↓
            ┌───────┴───────┐
            ↓               ↓
        執行抗告（相手方）   引渡命令確定
        （注2）              （注3）
                            ↓
                    執行文付与申立て（申立人）
                    送達証明申請（申立人）
                            ↓
                    執行官への明渡しの強制
                    執行申立て（申立人）
                            ↓
                    強制執行（執行官）
                            ↓
                        占有確保
```

注1：事件により審尋手続が必要な場合と不要な場合があります。
注2：引渡命令の裁判に対する不服申立てのことです。
注3：引渡命令が相手方に送達され、相手方から執行抗告されずに抗告期間（1週間）が経過すると、引渡命令の裁判が確定します。引渡命令は確定しなければ強制執行はできません。

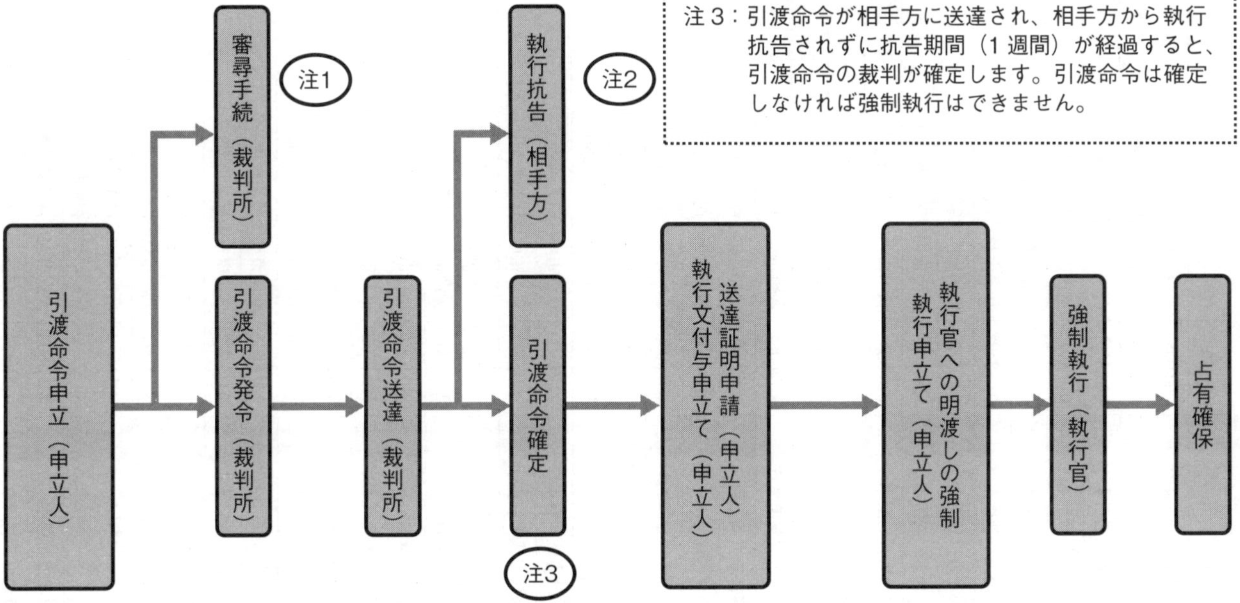

全国地方裁判所連絡先一覧

裁判所名	郵便番号	住所	電話番号
札幌地方裁判所本庁	060-0042	札幌市中央区大通西11丁目 （札幌地方裁判所別館1階）	011-281-3535
函館地方裁判所本庁	040-8601	函館市上新川町1-8	0138-42-2158
旭川地方裁判所本庁	070-8640	旭川市花咲町4丁目	0166-51-6148
釧路地方裁判所本庁	085-0824	釧路市柏木町4-7	0154-41-4171
青森地方裁判所本庁	030-8522	青森市長島1-3-26	017-722-5351
盛岡地方裁判所本庁	020-8520	盛岡市内丸9-1	019-622-3280
仙台地方裁判所本庁	980-8639	仙台市青葉区片平1-6-1	022-745-6058
秋田地方裁判所本庁	010-8504	秋田市山王7丁目1-1	018-824-3121
山形地方裁判所本庁	990-8531	山形市旅篭町2-4-22	023-623-9511
福島地方裁判所本庁	960-8112	福島市花園町5-38	024-534-2319
水戸地方裁判所本庁	310-0062	水戸市大町1-1-38	029-224-8397
宇都宮地方裁判所本庁	320-8505	宇都宮市小幡1-1-38	028-333-0020
前橋地方裁判所本庁	371-8531	前橋市大手町3-1-34	027-231-4275
さいたま地方裁判所本庁	330-0063	さいたま市浦和区高砂3-16-45	048-863-8669
千葉地方裁判所本庁	260-0013	千葉市中央区中央4-11-27	043-222-0165
東京地方裁判所本庁	152-8527	目黒区目黒本町2-26-14	03-5721-6395
横浜地方裁判所本庁	231-8502	横浜市中区日本大通9	045-201-9631
新潟地方裁判所本庁	951-8511	新潟市中央区学校町通一番町1	025-222-4245
富山地方裁判所本庁	939-8502	富山市西田地方町2-9-1	076-421-6174
金沢地方裁判所本庁	920-8655	金沢市丸の内7-2	076-262-4595
福井地方裁判所本庁	910-8524	福井市春山1-1-1	0776-25-0012
甲府地方裁判所本庁	400-0032	甲府市中央1-10-7	055-237-5833
長野地方裁判所本庁	380-0846	長野市大字長野旭町1108	026-232-4991
岐阜地方裁判所本庁	500-8710	岐阜市美江寺町2-4-1	058-262-5310
静岡地方裁判所本庁	420-8633	静岡市葵区追手町10-80	054-251-4028
名古屋地方裁判所本庁	460-8509	名古屋市中区三の丸1-7-4	052-205-1252
津地方裁判所本庁	514-8526	津市中央3-1	059-226-4764
大津地方裁判所本庁	520-0044	大津市京町3-1-2	077-522-7190
京都地方裁判所本庁	604-8550	京都市中京区菊屋町 （丸太町通柳馬場東入ル）	075-211-4111
大阪地方裁判所本庁	532-8503	大阪市淀川区三国本町1-13-27	06-6350-6950
神戸地方裁判所本庁	650-8575	神戸市中央区橘通2-2-1	078-341-7821

奈良地方裁判所本庁	630-8213	奈良市登大路町35	0742-26-1271
和歌山地方裁判所本庁	640-8143	和歌山市二番丁1	073-422-4191
鳥取地方裁判所本庁	680-0011	鳥取市東町2-223	0857-27-1929
松江地方裁判所本庁	690-8523	松江市母衣町68	0852-23-1701
岡山地方裁判所本庁	700-0807	岡山市北区南方1-8-42	086-222-6771
広島地方裁判所本庁	730-0012	広島市中区上八丁堀2-43	082-502-1392
山口地方裁判所本庁	753-0048	山口市駅通り1-6-1	083-922-1201
徳島地方裁判所本庁	770-8528	徳島市徳島町1-5	088-652-3141
高松地方裁判所本庁	760-8586	高松市丸の内1-36	087-851-1427
松山地方裁判所本庁	790-8539	松山市一番町3-3-8	089-941-4151
高知地方裁判所本庁	780-0850	高知市丸ノ内1-3-5	088-823-0519
福岡地方裁判所本庁	810-8653	福岡市中央区城内1-1	092-781-3141
佐賀地方裁判所本庁	840-0833	佐賀市中の小路3-22	0952-23-3161
長崎地方裁判所本庁	850-0033	長崎市万才町9-26	095-823-3215
熊本地方裁判所本庁	860-8513	熊本市京町1-13-11	096-326-1522
大分地方裁判所本庁	870-8564	大分市荷揚町7-15	097-532-7161
宮崎地方裁判所本庁	880-8543	宮崎市旭2-3-13	0985-23-5361
鹿児島地方裁判所本庁	892-8501	鹿児島市山下町13-47	099-808-3741
那覇地方裁判所本庁	900-0022	那覇市樋川1-14-1	098-918-3329

■著者プロフィール

林　勲（はやし　いさお）

不動産鑑定士
林不動産鑑定事務所代表
　東京地方裁判所21部評価人
　東京都地価調査鑑定評価委員
　国土庁土地鑑定委員会評価委員
　国税庁固定資産評価員
　東京地方裁判所民事調停委員
　東京地方裁判所鑑定委員　などを歴任

はじめての不動産競売　危険な物件　かんたん見分け方マニュアル

平成25年4月9日　初版発行

　　　　　　　　　　　　　　　著　者　林　　勲
　　　　　　　　　　　　　　　発行者　中野孝仁
　　　　　　　　　　　　　　　発行所　㈱住宅新報社
編　集　部　〒105-0001　東京都港区虎ノ門3-11-15（SVAX TT ビル）
（本　社）　　　　　　　　　　　　　　電話（03）6403-7806
出版販売部　〒105-0001　東京都港区虎ノ門3-11-15（SVAX TT ビル）
　　　　　　　　　　　　　　　　　　電話（03）6403-7805

大阪支社　〒541-0046　大阪市中央区平野町1-8-13（平野町八千代ビル）電話（06）6202-8541㈹

印刷・製本／亜細亜印刷㈱　　　　　　　　　　　　　　Printed in Japan
落丁本・乱丁本はお取り替えいたします。　　ISBN978-4-7892-3588-4　C2030